JN144034

Kenkyu Sosho No.628

ベトナムの「専業村」

経済発展と農村工業化のダイナミズム

坂田正三：著

IDE-JETRO アジア経済研究所

研究双書　No. 628

坂田正三著
『ベトナムの「専業村」――経済発展と農村工業化のダイナミズム――』

Betonamu no "sengyōmura": Keizai hatten to nōson kōgyōka no dainamizumu
("Craft Villages" in Vietnam: Economic Development and Dynamism of Rural Industrialization)

by

Shozo SAKATA

Contents

Introduction　What is Craft Village?

Chapter 1　Statistical Observations on Rural Labor Markets and Household Enterprises in Vietnam

Chapter 2　Development of Iron-steel Village: *Doi Moi* Reform and Rural Industrialization

Chapter 3　Labor Markets in Iron-steel Village

Chapter 4　Changing "Tradition" of Mother-of-pearl Inlay Craft

Chapter 5　Technology Transfer in Wooden Furniture Village

Chapter 6　Who Works for Household Enterprises?: Labor Markets in a Rural Village Nearby Craft Villages

Conclusion　Craft Villages in the Process of "Industrialization and Modernization"

〔Kenkyu Sosho (IDE Research Series) No. 628〕
Published by the Institute of Developing Economies, JETRO, 2017
3-2-2, Wakaba, Mihama-ku, Chiba-shi, Chiba 261-8545, Japan

目　次

序　章　専業村とは何か ………………………………………………… 3
　　はじめに ……………………………………………………………… 4
　　第 1 節　専業村の発展過程 ………………………………………… 6
　　第 2 節　本書の概要 ………………………………………………… 11

第 1 章　統計データにみるベトナム農村の労働力と家内企業の実態
　　　　………………………………………………………………………… 21
　　はじめに ……………………………………………………………… 22
　　第 1 節　ベトナムの農村労働力の変化 …………………………… 22
　　第 2 節　家内企業の成長 …………………………………………… 26
　　第 3 節　個人基礎のマクロ状況 …………………………………… 28
　　小括 …………………………………………………………………… 32

第 2 章　鉄鋼専業村の発展——ドイモイと農村工業化—— ………… 35
　　はじめに ……………………………………………………………… 36
　　第 1 節　鉄鋼専業村チャウケーの概要 …………………………… 39
　　第 2 節　チャウケーの経済構造の変化 …………………………… 44
　　第 3 節　家内企業の経営戦略 ……………………………………… 50
　　小括 …………………………………………………………………… 57

第 3 章　鉄鋼専業村の労働者たち ……………………………………… 61
　　はじめに ……………………………………………………………… 62
　　第 1 節　調査対象労働者の実態 …………………………………… 64
　　第 2 節　雇用機会 …………………………………………………… 67

第3節　労働環境・雇用条件 …………………………… 71
　　小括 ………………………………………………………… 75

第4章　螺鈿細工村の「伝統」の変化 ……………………… 81
　　はじめに …………………………………………………… 82
　　第1節　チュエンミーの螺鈿細工発展史 ……………… 84
　　第2節　チュエンミーの経済活動 ……………………… 86
　　第3節　螺鈿細工の製造技術 …………………………… 90
　　第4節　ネットワーク型流通構造の変化 ……………… 94
　　小括 ………………………………………………………… 99

第5章　木工専業村における技術移転 …………………… 105
　　はじめに …………………………………………………… 106
　　第1節　木工専業村の発展史 …………………………… 109
　　第2節　生産・販売体制とその変化 …………………… 112
　　第3節　技術の導入・受容における制度的工夫 ……… 118
　　小括 ………………………………………………………… 122

第6章　誰が家内企業で働いているのか？
　　　　——専業村近隣農村の労働市場—— ……………… 125
　　はじめに …………………………………………………… 126
　　第1節　調査の概要 ……………………………………… 129
　　第2節　非農業労働の特徴 ……………………………… 136
　　第3節　職業移動の戦略性 ……………………………… 139
　　小括 ………………………………………………………… 143

終　章　「工業化・近代化」のなかの専業村 …………… 147
　　はじめに …………………………………………………… 148

第 1 節　専業村の発展の特徴と要因 ……………………………… 150
　　第 2 節　専業村の将来 ……………………………………………… 154

あとがき ………………………………………………………………… 161

参考文献 ………………………………………………………………… 165

索　引 …………………………………………………………………… 175

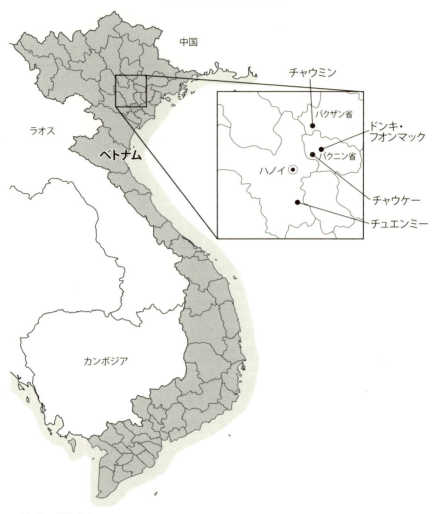

ベトナムおよび調査村地図

（出所）筆者作成。

ベトナムの「専業村」

序　章

専業村とは何か

陶器の専業村バクニン省フーラン（Phù Lãng）。

（2013年3月　筆者撮影）

はじめに

　ベトナムでは，1986年12月の第6回ベトナム共産党大会において，「ドイモイ」と呼ばれる経済活動における市場原理の導入と対外経済開放路線が採択された。その後，1994年の第7回党大会中間大会時に「工業化・近代化」というスローガンが掲げられ，「2020年までに基本的に工業国になるよう努力する」ことが目標となった。2000年の民間企業設立要件の緩和（新企業法施行開始）とさらなる対外開放政策（新外国投資法施行開始およびアメリカとの通商協定締結），そして2007年のWTO加盟を経て，労働集約型の製造業が発展のエンジンとなるという経済構造が出来上がった（詳しくは坂田 2008; 2012a; トラン・ヴァン・トゥ 2010; 藤田 2012を参照のこと）。1990年に約100ドルであった1人当たりGDPは2014年には2000ドルを超えた。貧困比率も1993年の58％から約10年後の2002年には36％へ，さらに10年後の2012年には11％まで減少している（GSO 2007a; 2013）[1]。

　ドイモイ開始以降，経済成長と貧困削減が注目されてきたベトナムであるが，一方で見落とされがちなのは，計画経済時代の管理・規制が外れたことにより，経済活動の種類と主体の多様性が増したという事実である。それまで計画のもとで国有企業が独占的に生産・提供していた財・サービスだけでなく，さまざまな財やサービスが需要に応じて生み出されるようになった。そしてそれを担うために，外資企業や国内の大企業だけではなく，中小企業やいわゆる「インフォーマルセクター」とよばれる零細な経済主体が大量に市場に参入した。経済活動の量的拡大の一方で，大小さまざまな経済主体が登場し，彼らがお互いに棲み分けをしつつ競争することで，多様性をもった経済の「生態系」が形成されたのである[2]。

　これまでのベトナム経済研究では，ドイモイ開始以降の成長の要因を明らかにすることに主眼がおかれてきた。その一方で，貧困削減，雇用創出への貢献は評価されてきたものの，国家の経済成長への貢献度の計測が困難な中

小企業やインフォーマルな経済主体は経済研究の対象として重要視されてこなかった。本書でこれからみていくとおり，中小企業やインフォーマルな経済主体は概して技術レベルも低く，慣習的な雇用や商取引を続けており，決して近代的とは呼べない経営をしている。しかし筆者は，彼らも含む多様なアクターからなる経済の生態系が形成されることが，ベトナム経済の持続的な発展には不可欠であると考える。そのような彼らの存在に光を当て，拡大するベトナム経済の一部を構成する彼らの潜在力と，成長の担い手としての可能性を評価することが本書のねらいである。

本書の舞台は，「専業村」（ベトナム語で làng nghề）と呼ばれる中小零細規模の製造業者が集積している農村である[3]。これらの村では，国家による政策的な誘導もなく，ひとつの村にひとつの産業が集積する「一村一品」の経済が形成されている。農業を維持しながら裏庭で小規模に手作業の仕事を行っている農家が集住する農村もあれば，機械を導入した町工場が立ち並び，村の外からやってくる数千人の労働者が雇用されている，工業化が進んだ村もある。製造業だけでなく，運送や原料調達，機械修理などの周辺産業も同時に村内で発達しているところも少なくない。

専業村は，おもにベトナム北部の紅河デルタ地域に点在している。その数は依拠する文献により約1300村から3200村と大きく開きはあるものの，ベトナムの行政の末端単位である「社」レベルの行政単位の数が全国で約１万であることからも，数のうえでは大きな存在であることがわかる（ひとつの社に複数の専業村がある場合もある）[4]。

専業村の多くは，1990年代以降に発展したものである。数百年の歴史をもつ伝統工芸品を製造する専業村もあるが，それらもほぼすべて，計画経済時代の「合作社」（協同組合）という集団生産体制の失敗による衰退から，ドイモイ開始以降「復活」した村である。農地が狭小なため農業の生産性向上だけでは豊かになれない農民の多くは，非農業収入獲得の機会を求めざるを得なかったが，1990年代以降のベトナムでは，古典派経済学の単純な想定とは異なり，このような農民たちが向かった先は都市部だけではなかった。農

村で工業部門，サービス部門の経済活動を始める者や，そのような農村へ他の農村から移動する者も数多くいた。政策的な後押しはあったものの，専業村は，基本的には職業選択や移動の自由が認められた農村の個人（世帯）の戦略的な利益追及の結果として生まれたものであり，まさにドイモイによる経済自由化の産物であるといえる。

　イントロダクションとなる本章では，専業村の発展史と現況を概説するとともに，本書の視座と各章の構成を示し，さらに本研究の方法論や概念の定義について若干の解説を加える。

第 1 節　専業村の発展過程

1．専業村の発展史

　ベトナム北部の紅河デルタ地域の農村では，陶器，絹，紙，竹製品などの生産は古くから行われていたが，1010年に当時の李王朝（1009～1225年）が都をタンロン（現在のハノイ）に遷した後に，多くの手工業の職人を都の近郊に住まわせたことから，紅河沿いに専業村が本格的に発展したとされる（Vũ Quốc Tuấn 2010）。これらの村には，宮廷で使用される日用品や装飾品の独占生産権が王朝から与えられていた。その後1806年に王朝がフエに遷ると，紅河デルタ地域の専業村も衰退の時期を経験するが，その一方で，絹や陶器，紙などは新たな販路が開拓され，中国へ輸出されるようになった（Fanchette and Stedman 2010, 16-17）。

　その後フランス植民地時代にも，紅河デルタの専業村は引き続き農村経済の重要な位置を占めた。地理学者ピエール・グルーによるトンキン・デルタ（紅河デルタ）の包括的な農村調査のなかでも，専業村に関心が寄せられており，その報告書『トンキン・デルタの農民』（原著は Gourou, Pierre 1936. *Les Paysans du Delta tonkinois: étude de géographie humaine*）でも 1 章を割いて綿・絹

織物，酒，製籠，木工などの専業村を紹介している（グルー 2014, 417-497）。グルーの調査によれば，1930年代には紅河デルタ地域に108村の専業村があり，成人人口の6.8％に当たる25万人が働いていたという（グルー 2014, 421）。

1954年のフランス撤退後，北部農村の合作社化が進行するなかで，これらの専業村では「手工業合作社」が組織された。旧ソ連や東ヨーロッパ諸国へ伝統工芸品を輸出する村さえあったが，その後の合作社政策の行き詰まりや国際社会との隔絶から，ベトナム経済全体が危機に陥るなかで，手工業合作社も衰退していった（DiGregorio 1999）。1986年にドイモイ路線が打ち出された後は，合作社の多くが解体し，農村における手工芸品生産が家計単位の経済活動として再び発展し，各地に新たな形で伝統工芸専業村が再興されていった(5)。

今日ある紅河デルタ地域の伝統工芸専業村は，必ずしも古くから存在するものばかりではなく，実はその多くが1990年代以降に新たに出現したものである。1990年代には，もともと伝統的に生産していたものとは異なる製品を製造することにより「復活」した専業村も多くあった。1990年代初旬にはソ連，東ヨーロッパの民主化による経済の混乱でこれらの国向けの輸出市場が縮小したが，それと入れ代わるようにアジア各国市場向けに専業村の製品が輸出されるようになった（Đặng Kim Chi 2005, 12-14）。

2．ドイモイ期の専業村発展のための政策展開

専業村の発展を明示的に奨励した初の政策は，1993年6月の共産党第7期第5回中央委員会総会における農村発展に関する決議（05-NQ/HNTW）であった。この決議は，コメの自給から農民の所得向上へ，そして，そのための小手工業，サービス業を含む多部門の経済活動の発展へという，農業・農村発展政策の大きな転換点となったものであるが，「専業村の復活」という文言がその目標に組み込まれている。ただし，この決議以前の1980年代後半にはすでに発展を始めている専業村もあったことから，この政策は，多くの農

業・農村発展に関する政策と同様，進行しつつある現状を追認したものと考えてよいであろう[6]。

その後，2000年11月，農業・農村開発省が起草した農村部における小手工業，美術工芸部門の発展奨励に関する首相決定（首相決定第132号：132/2000/QĐ-TTg）が公布される。さらに2004年6月，工業省（当時）が起草した農村工業発展奨励に関する政府議定（政府議定第134号：134/2004/NĐ-CP）が公布される。これらの政策は，個々の農家や小規模な家内企業，合作社などを対象に，土地政策（農地の工業部門への転用の容認など），投資・信用，市場情報提供，職業訓練などを行うというものである。このなかで政府は，農村部における「勧工」(khuyến công) という言葉で農村工業化と専業村の発展を奨励した。

2006年7月には，上述の2000年の首相決定第132号より詳細な，農村の「nghề」すなわち非農業経済活動の発展を奨励する政府議定（政府議定第66号：66/2006/NĐ-CP）が公布される[7]。この政策も，上記のふたつの農村工業化奨励と基本的には同様の方向性と事業内容を含むが，より明示的に専業村の発展のための方策が示されている。そのなかでは，伝統工芸専業村の保存，観光と一体化した専業村の発展，新しい専業村の発展が目標とされた。

この政府議定第66号の細則として同年12月に公布された農業・農村開発相通知第116号（116/2006/TT-BNN）のなかで，専業村の定義が初めて公式に示された。それは，①少なくとも30％の世帯が特定の非農業生産活動に従事している，②その生産活動が安定的に2年以上続いている，③国家の政策と法を遵守している，というものである。なお，同通知では，「伝統工芸専業村」(làng nghề truyền thống) は，その地域に50年以上存在する，民族の文化的アイデンティティに根ざした製品を生産している専業村と定義されている。

さらに，2010年に農村発展の中長期的な指針として打ち出された「新農村建設」事業は，その一部で農村工業化を奨励し，専業村の発展を後押ししている。新農村建設事業とは，経済・社会インフラや文化・社会・環境などの分野で，各農村（「社」）が2020年までに達成すべき19の目標とその達成目標

値，活動項目を定め，それらすべての目標を達成すれば「新農村」と認定されるというものである（詳しくは坂田 2012bを参照のこと）。その19の目標のなかに，農業労働人口の割合を30％以下にする，職業訓練を受ける労働者の割合を35％以上にするといった目標があり（いずれも全国目標であり，地方により目標値に差はある），農村の工業化が農村発展の方向性のひとつの大きな柱となっている。これ以降，専業村の小規模工業団地や道路といったインフラ整備事業に対して，「新農村建設事業の一環」という新たな正当性が加えられることとなった。

3. 専業村経済のマクロ的状況

専業村のマクロ的状況を定量的に把握することは困難をともなう。そもそも，専業村の数が正確に把握できていない。その数は1322村（GSO 2012）から，1450村（Đặng Kim Chi 2005），2017村（JICA-MARD 2004），2790村（Vũ Quốc Tuấn 2011），そして3221村（Mahanty, Trung Dinh Dang, and Phung Giang Hai 2012）まで，依拠する文献・資料により倍以上の開きがある。それは，調査によって独自の定義を用いて専業村をカウントしているからである。たとえば，上述の5つの調査結果のなかでおそらく最も多くの文献に引用されているJICA-MARD（2004）では，①全村の世帯数の20％以上が特定の非農業生産活動にかかわっている，②全村の所得の20％以上を特定の非農業生産活動より得ている，という定義を用いている。一方，Đặng Kim Chi（2005）は，①特定の非農業経済活動に少なくとも30％の世帯が従事しているかあるいは少なくとも300人が従事しており，②その非農業生産活動からの生産価値が村全体の生産価値の少なくとも50％を占めるかあるいは年間3億ドンに達するという，JICA-MARD（2004）よりやや狭い定義を用いている。これらの定義は，その後2006年に農業・農村開発省により示される専業村の定義（上述の116号通知）とは異なり，さらに，この116号通知の公布以降に実施された調査も，必ずしもその定義に準じて調査されているわけではない。Mahanty,

Trung Dinh Dang, and Phung Giang Hai（2012）は，30％の世帯が特定の非農業生産活動に従事している，というひとつの基準だけの緩やかな定義である。ベトナム専業村協会（Vũ Quốc Tuấn 2011）やベトナム統計総局（GSO 2012）といった公的機関による文献には専業村の定義が示されていない[8]。

ここでは，上述の5つの文献のなかのひとつであるベトナム統計総局による「農業・農村・水産業センサス」（GSO 2012）の結果を用いて，その実態と変化をみることとする（表序-1）。上述の5つの文献のなかでは最も専業村の数が少なく，専業村の定義が示されていないという問題はあるにせよ，経年のデータが得られるというメリットがある[9]。

表からわかるとおり，専業村の数も労働者数も増加傾向にある。とくに労働者数は約48万人から約77万人へと10年間で30万人近く増加している。2000年代に入り，600以上の専業村が新しくできたことになる。地域的には，ハノイを含む紅河デルタが最も多く，村の数では53.4％を占める。また，紅河デルタは，2001〜2011年の10年間で20万人も専業村の労働者が増加している（74％増）[10]。

そのほとんどが零細でインフォーマルな家内企業で占められている専業村

表序-1　専業村の数と専業村の労働者数

	専業村の数			労働者数[1]		
	2001[2]	2006	2011	2001	2006	2011
全国	701	1,077	1,322	478,504	655,806	767,273
紅河デルタ	367	615	706	290,132	412,228	505,026
北部山岳	36	43	152	30,753	20,196	49,295
中部沿岸	168	289	305	76,115	143,835	108,255
中部高原	5	7	9	341	474	837
東南部	12	11	18	18,021	9,361	10,980
メコンデルタ	113	112	132	63,142	69,712	92,880

（出所）　GSO（2012）より筆者作成。
（注）　1）「通常参加している人の数」
　　　　2）2001年と2006年では，紅河デルタと北部山岳，中部沿岸と東南部でそれぞれ属する省が異なる。

で産出される経済価値の規模を試算することは困難であるが，輸出データからその一端をうかがうことができる。ベトナム専業村協会主席ヴー・クオック・トゥアンは，おもに専業村で生産される工芸品，美術品は160カ国に輸出され，輸出額は2000年に2億7370万ドル，2011年には10億ドルに達したとしている（Vũ Quốc Tuấn 2011, 101）。2011年の輸出額は，同年のベトナムの総輸出額（約970億ドル）の1％以上に当たる。

第2節　本書の概要

1．研究視座と本書の構成

　本書は，筆者による2006年から2015年までの専業村の調査の記録である。その約10年間で，筆者は15カ所の専業村を訪問・調査してきた。本書は，それらのなかの4つの専業村と，専業村に労働者を供給するひとつの農村に関する調査結果をまとめたものである。4つの専業村とそこで生産される製品は，それぞれチャウケー（鉄製品），チュエンミー（螺鈿細工），ドンキ，フオンマック（ともに木工品）であり，専業村に労働者を供給している農村はチャウミンという。それぞれの村の規模は表序-2に示したとおりである。
　専業村の発展にはさまざまな要因があると考えられるが，本書ではとくに，専業村の家内企業がどのような資源をどこからどのように獲得してきたのか，という問いに主眼をおき，おもに筆者によるフィールド調査の結果からその問いに対する回答を探る。
　フィールド調査の結果の分析や解釈に際して，本書が依拠するのは経済学，社会学の理論や他の途上国の発展の経験である。農村工業化に関しては，途上国，とくに東アジア諸国に関する幅広い事例研究が参考になる。工業化において最も重要な要素である労働力や技術について，専業村で観察される現象を理解するためには，先進企業の成長戦略の分析枠組みでは不十分であり，

表序-2　調査村の概要

専業村 おもな生産品	ドンキ 木工品	フオンマック 木工品	チュエンミー 螺鈿細工	チャウケー 鉄製品	チャウミン (木工家具)
省・市	バクニン	バクニン	ハノイ	バクニン	バクザン
世帯数（戸）	3,740	3,720	2,683	4,032	2,090
人口（人）	15,731	15,437	10,164	15,915	10,303
面積（ha）	328	558	792	498	1,203
農地面積（ha）	163	326	289	230	1,060
人口密度（人/ha）	47.10	27.66	12.83	32.02	8.56
農地割合（％）	49.7	58.4	34.5	46.2	88.1
データ年	2014	2014	2014	2014	2015

（出所）ドンキ，フオンマック，チャウケーは Chi Cục Tư Sơn Cục Tổng Kê Bắc Ninh（2015）より。チュエンミー，チャウミンは社人民委員会提供資料による。

　本書では，インフォーマルセクター論や「適正技術論」などを参照する。また，資源獲得や市場獲得において個人的な「つながり」が重要であり，そのためには社会ネットワークに関する理論を参照する。それぞれについては，各章のなかで解説を加える。ただし，本書では，専業村の観察から導き出されるこれらの先行研究の限界も一部指摘する。

　本書は，序章に加え本論6章とまとめの終章から構成される。まず第1章では，専業村の発展の背景にあるマクロ状況を理解するために，ベトナムの人口センサス，農業・農村・水産業センサス，事業所センサス，労働力サーベイの結果から，農村発展と農村労働力，家内企業の状況を示す。

　第2章と第3章は，ハノイの隣に位置するバクニン省でおもに鉄筋など建設資材を生産する鉄鋼専業村チャウケーの調査結果である。チャウケーは労働者数でみても産出額でみても，最も大規模化，工業化が進んだ専業村である。第2章では，チャウケーの経営者たちへの質問票調査の分析から，1990年代以降のチャウケーの経済の構造的変化と，それを可能にした経営者たちの戦略をみていく。途上国の農村工業化の研究では，農村工業の優位性は，豊富に賦存する低賃金の労働力とローカルな資源の動員にあるとされてきた。しかし1990年代の発展の初期から，チャウケーでは技術を含む多くの資源を

村外から獲得してきた。また，賃金も，都市部の大企業以上の金額を支払う家内企業も少なくなく，村外からの多くの労働者を吸収する要因となっている。ドイモイによる自由化は，農村経済を外部とのつながりのある開放的な構造に変化させたのである。

　第3章では，チャウケーの雇用と労働について，具体的には，労働者たちがどのような雇用条件，労働環境で働いているのかを調査した結果を紹介する。ここでは，他の多くの専業村でも観察される慣習的な雇用慣行の存在に注目する。それは，経営者たちにとっては単に労働者の数を確保するだけでなく，労働生産性を向上させるための制度的工夫であり，他方，労働者たちにとっては，居住地や出身地と経済的・社会的なつながりを維持しながら非農業所得を確保することを可能にする慣行である。

　第4章と第5章は，伝統工芸専業村の発展に関する研究である。第4章は，1000年以上の歴史をもつといわれる伝統工芸「螺鈿細工」の村，ハノイ（旧ハタイ省）のチュエンミーの発展史である。チュエンミーは典型的な伝統工芸専業村のひとつであるが，伝統工芸品を生産するその生産様式や技術は大きく変化してきた。そこでは，外部とのつながりをとおしてあらたな技術の導入や市場開拓が行われてきたが，そのつながりはその相手や地理的分布だけでなく，構造的にも変化している。

　第5章は，バクニン省にある木工の専業村ドンキとフオンマックについての研究である。ドンキとフオンマックは，専業村として発展する過程で，分業と地理的集中をともなう生産体制が形成され，さらに村を越えて拡大していった。この章では，家内企業の新技術の導入の際の技術的な適応に注目する。また，新技術導入にともない，生産体制や労働環境などに変化が起きている点も指摘する。

　第6章は，専業村の労働力の供給に関する補足的な分析であるが，ドンキやフオンマックに多くの労働者を提供している，バクザン省の農村チャウミンにおける労働市場の変化についての考察である。自給的な農業がおもな産業であるチャウミンの住民たちは，村外での非農業部門の労働市場に現金収

入の道を依存している。ここでは，どのような属性をもった者が外資企業や地場資本のフォーマルな企業で就業し，どのような者が専業村の家内企業に働きに出ているのかを分析する。前者の属性は比較的均質である（高卒以上の若年層が多い）が後者は多様である。また，彼らの過去の職業や親の世代の職業も分析視野に入れると，労働市場や経済状況の変化に対応しながら職業を変えていく彼らの戦略がみえてくる。多くのインフォーマルセクター研究の知見と一致する現象であるが，本書では，ベトナムの経済発展の文脈で，農村の労働者たちのそのような戦略がどのような意味をもつのかについて考えていく。

終章では，本書各章の内容をまとめ，ベトナムの専業村の発展の特徴と要因を整理するとともに，将来の専業村の発展とそのベトナム経済への影響について展望する。

2．若干の用語の解説

本論に入る前に，本書で用いられるいくつかの語句の定義や用法に関する解説をしておく必要がある。まず，「村」である。正確に記せば，ベトナムでは「村」（làng, thôn）とは，行政の末端単位である「社」（xã）よりも小さな範囲の，伝統的な集落単位を指す[11]。専業村は，伝統的には今日の村単位のものであったが，その経済活動の地理的範囲が村から社レベルの範囲にまで拡大され，社が単位となっているものが多い。

また，専業「村」が必ずしも「農村」であるとは限らない。ハノイ中心部の旧市街などにある都市部の手工業の集積を，専業村と区別して「専業通り」（phố nghề）と呼ぶ場合もあるが，一般的には，農村ではない地域にあるものも含め，特定の産業の小規模な製造業者の集積が「専業村」と呼ばれている。鉄鋼専業村のチャウケーは，2008年までは行政単位としては農村に当たる「社」であったが，2008年以降は都市に当たる「坊」（phường）となった。つまり，現在はベトナムの行政単位の定義上，農村ではないことになる。

本書に登場する調査対象のチャウケー坊（社），チュエンミー社，ドンキ坊，フォンマック社，チャウミン社は基本的には「社レベル」の行政単位であるが，初出時や必要のないかぎり，「社」や「坊」という呼称はつけない。2008年にチャウケーは社から坊へ，ドンキは村から坊へと約10年間の筆者の調査の過程で行政単位としての位置づけが変わっているため，それらの変化をすべて正確に記述すること（たとえば2008年前後で呼称を変えるなど）が混乱を招くおそれがあるからである。

　つぎに，「家内企業」である。本書では「家内企業」という言葉が頻繁に登場するが，これは household enterprise の訳として経済学の分野では一般的に使われている用語である。ただし，その定義は曖昧である。ベトナムでは1990年代後半から盛んに行われるようになる世界銀行（世銀）のエコノミストを中心とした貧困に関する計量分析[12]のなかで，農村の「家内企業」による貧困削減への貢献が高く評価されたが，これらの研究でも家内企業の定義ははっきりしない。

　ベトナムの貧困研究における「家内企業」に当たると考えられる対象は，事業所登録上，あるいは統計の定義上，2つのカテゴリーに含まれる経済主体である。まず中小企業である。これは，登録上は企業法に規定された「企業」であり，統計的には従業員数あるいは資本金により中企業，小企業，零細企業に分類される[13]。つぎに，統計上「非農業個人生産基礎」（cơ sở sản xuất kinh doanh cá thể phi nông nghiệp：以下，「個人基礎」と称する）とされる小規模な個人事業である。「企業」とは異なる事業所登録のカテゴリーであり，県の人民委員会に登録を行うことになっている（企業は省の人民委員会に登録する）。「個人基礎」の詳しい定義と事業所数や労働者数などの状況は第1章で解説している。

　もうひとつ頻出する，今度はベトナム特有の語感をもつために解説が必要な言葉に「thợ」がある。thợ とは，学位をもったエンジニアや技術者（「kỹ sư」）ではないが単純労働者でもない，経験や職業訓練への参加などで技能を身につけた労働者を意味する。ノミを使って手作業で彫刻する者からク

レーンなどの大型機械を操る者まで，このthợという言葉のカバーする範囲は幅広い。本書では，大型の機械を操作しながら働いている鉄鋼村チャウケーのthợには「技能労働者」という訳を，より手作業の多い螺鈿細工や木工の専業村のthợには「職人」という訳を当てた。

3．調査上の制約について

　最後に，調査上の制約についても若干ふれておきたい。調査においては，調査対象の専業村の選択や農村で調査を行ううえでの制約，とくに調査対象への直接のアクセスへの制限が（10年間の農村調査のなかで徐々に緩やかにはなっていったとはいえ）あった。調査には必ず人民委員会の幹部か公安が同行した。また，外国人が長期間農村に滞在して調査を実施することも，いまだに簡単ではない。そのため，筆者がすべての調査に参加することは難しく，結局，事前調査と調査員の訓練，本調査の一部にのみに参加するという形式をとらざるを得なかった[14]。調査におけるもうひとつの困難は，サンプリングの問題であった。地元の人民委員会から世帯リストを提出してもらうことは難しく，厳密なランダムサンプリングを行うことは困難であった（第6章のチャウミンでの調査では人民委員会から世帯リストの提供を受けられた）。

　質問票調査から得られたデータのなかで，その扱いに最も頭を悩ませたのが所得や賃金のデータである。まず，自己申告であるために正確な情報が申告されていない可能性が大いにある。外国人である筆者や都会（ハノイ）からやってきた研究者が所得を聞くことに対する警戒心はあったように感じる。また，家内企業の労働者の場合，出来高払い賃金である場合が多く，回答者が年収を正確に把握していない場合もあった。また，筆者が質問票調査を行った2007年から2014年のあいだは，インフレと賃金の高騰が起こった時期でもあった[15]。そのような事情もあり，時期が異なる調査結果は単純に比較できないため，本書では所得や賃金に関しては，1回の調査結果のなかでの分析にとどめ，他の時期に行った調査結果との比較は行わないようにした。

〔注〕
(1) ベトナムの貧困比率は，1993年から計測されている。貧困比率は総合貧困線（1日1人当たり2100キロカロリーを摂取するために必要な支出額を総消費額の70％と仮定して算出された貧困線）以下の世帯比率を計測したものであるが，総合貧困線は物価の上昇にともない定期的に改訂されている。1993年から2012年までの総合貧困線は以下の表のとおりである。

貧困線（ドン/人・月）

	都市	農村
1993年		97,000
1998年		149,000
2002年		160,000
2004年	218,000	168,000
2006年	260,000	200,000
2008年	370,000	290,000
2010年	500,000	400,000
2012年	660,000	530,000

（出所）V(H)LSS結果（GSO 2013など）を元に筆者作成。

(2) 経済を生態系になぞらえる議論は，ロスチャイルド（1995）を参照のこと。
(3) 筆者の2010年までの論考では，「専業村」ではなく英語表記（craft village）に近い「工芸村」という語を用いていた。1990年代から2000年代初頭にかけて手工芸の村の発展がめざましかったことや，いくつかの先行研究（出井2006など）が「工芸村」という訳を当てていたことがそのおもな背景にある。しかし近年は村ごとに産業が多様化し，「工芸」という言葉が妥当ではない大規模化・工業化した村も増えていることから，よりベトナム語の語感に近い「専業村」という表記とした。英文の論文でも "craft and industrial village"（Fanchette 2007）という表記も登場し始めている。なお，「職業村」と訳しているケースも見受けられるが（国営ラジオ局 Voice of Vietnam ウェブ版日本語ページなど），特定の村に特定の産業が集積していることがわかりやすいという意味でも「職業」ではなく「専業」という言葉を用いる。
(4) ベトナムの行政機構は，4つのレベル（ベトナムでは「級」[cấp]という言葉で表される）の行政単位で成り立っている。まず中央レベル，つぎに省レベル（地方省 tỉnh，中央直轄市 thành phố trực thuộc trung ương），県レベル（県 huyện，省直属市 thành phố trực thuộc tỉnh，市社 thị xã，郡 quận），そして末

端単位である社レベル（坊 phường，市鎮 thị trấn，社 xã）がある。詳しくは白石（2000, 18-19）を参照のこと。なお，白石は市社には「市」，坊には「街区」など，日本語の語感に近い訳語を当てている。
(5) ドイモイ開始後も，1990年頃までは伝統工芸専業村で生産される手工芸品のソ連，東ヨーロッパ向けの輸出は行われていた。たとえば，ハタイ省では1988～1990年のあいだに，年間で860万～1260万ルーブルの手工芸品を輸出していたというデータがある（Đặng Kim Chi 2005, 13）。
(6) ベトナムの農業生産性が飛躍的に向上するきっかけとなった「生産請負制」を規定した党書記局指示第100号や党政治局決議第10号などは，農村レベルで農民たちや村の党幹部が「もぐり」の制度（古田 1996, 44）として実施してきたものを党中央が黙認し，さらにその成果が認められたために正式な政策として承認したものである。ベトナムの農業・農村開発政策は現在もこのような現状追認型のものが多く，その結果として政策間の矛盾も生じ始めている（坂田・荒神 2014）。
(7) 「nghề」というベトナム語は「職業」と訳されることもあるが，どちらかといえば職種ではなく経済活動自体を指すニュアンスがあり，làng nghề を「職業村」と訳さないのと同様に，本書では職業とは訳さず，「非農業経済活動」と訳すこととする。
(8) Fanchette and Stedman（2010）によれば，1995年から2002年までのあいだに専業村の数は約500村から1000村に増加したという。こちらも定義が示されておらず，データの出所が明確ではないが，1990年代後半には2000年代以上に急速に専業村の数が増えていたことが示唆される。
(9) ただし，各調査の専業村の定義が同じであるかどうかは不明である。
(10) 表序-1では一部の地域で2001年から2006年にかけて数が減少しているが，これは2006年結果から統計上の6つの地理区分の境界が変更になったことによるものである。たとえば，クアンニン省は2001年では北部山岳であるが2006年からは紅河デルタに入っている。同様に，ニントゥアン省とビントゥアン省は東南部から中部沿岸に区分が移っている。
(11) 現在のベトナムの「村」は，19世紀のグエン朝時代以来の伝統的な単位である「社」に相当する。1945年8月のベトナム民主共和国樹立に始まる計画経済時代に，伝統的な「社」をいくつか統合する形で新たな「社」が設置され，旧来の「社」は「村」として位置づけなおされた（白石 2015, 33）。
(12) たとえば，継続的な富裕層のうちの55％は家内企業の経営者（「自家雇用者」self-employed という表現が使われている）である（Vijverberg and Haughton 2004, 99-100）。農村では，家内企業の経営者とそれ以外の農村住民とのあいだの消費レベルに有意に差がある（van de Walle and Cratty 2004）といった研究結果がある。これらの研究はおもに，世銀とスウェーデンの援助を受け

1992年からベトナム統計総局が実施を開始する全国レベルの定期的な家計調査 Vietnam Living Standard Survey（VLSS）のデータを用いたものである。1992-1993年調査以降は，1998年に第2回調査が行われ，その後，2002年の第3回調査以降は2年に1回定期的に実施されている。2002年以降の調査は Vietnam Household Living Standard Survey（VHLSS）と改称されている。

⒀　ベトナムの中小企業の定義は以下のとおり。

	零細企業	小企業		中企業	
	従業員数	資本金	従業員数	資本金	従業員数
農林水産業 工業・建設業	10人未満	200億ドン未満	200人未満	1,000億ドン未満	300人未満
商業・サービス	10人未満	100億ドン未満	50人未満	500億ドン未満	100人未満

（出所）　2009年政府議定第56号：56/2009/NĐ-CP。

⒁　本研究の質問票調査および聞き取り調査は，現地の複数の研究所と協力して実施した。第2章，第3章のチャウケーでの調査はおもにベトナム社会科学院ベトナム経済研究所（Vietnam Institute of Economics）から，第4章のチュエンミーではハノイ国家大学ベトナム学・発展科学研究所（Institute of Vietnamese Studies and Development Sciences）から，第5章のドンキ，フォンマック，第6章のチャウミンでは，ベトナム社会科学院持続的地域発展研究所（Institute of Regional Sustainable Development）から調査の協力を得ることができた。

⒂　とくに2007年から2011年にかけてのインフレは激しく，消費者物価指数（CPI）は2009年を除き毎年2桁上昇していた。2008年にはドイモイ開始直後の混乱期以降で最高となる，前年比23％の上昇となった。また，法定最低賃金は，たとえばハノイ，ホーチミンなどの「第1地区」では，2007年の月87万ドンから2014年には月270万ドンまで上昇している。

第 1 章

統計データにみるベトナム農村の労働力と家内企業の実態

銅細工の専業村バクニン省ダイバイ（Đại Bái）の家内企業の労働者たち。

（2013年3月　筆者撮影）

はじめに

　1986年のドイモイの開始は，農村にも大きな変化をもたらした。合作社による集団農業生産体制が廃され，農業生産が農家世帯単位で行われるようになると，農家の生産意欲が刺激され，農業の生産性は飛躍的に向上した。その一方で，経済活動の自由化は農村住民の非農業経済活動への参加意欲も刺激し，その結果として，専業村のような農村における工業部門の集積が形成された。

　本章では，専業村の発展の背景となる農村経済の実態と，専業村の経済活動をおもに担う「家内企業」に関するマクロ状況を，統計データからみていく。農村の家内企業には，いわゆる「インフォーマルセクター」と呼ばれる，政府が把握・管理できていない事業所も数多く含むため，その活動の状況を，たとえば生産額からとらえることは困難である。一方，労働力に関するデータには，インフォーマルセクターも含む農村の事業所や世帯も対象としているものが存在する（後述の「農業センサス」や「労働力サーベイ」）。そのため，本章では，おもに労働力のデータを中心にみていくこととする。

第1節　ベトナムの農村労働力の変化

1．ドイモイ開始後の経済発展と農村人口の変化

　ドイモイ開始による経済活動の自由化は，農業部門の生産性を急速に向上させたが，一方で製造業を中心とした工業部門の成長がそれ以上にめざましかったために，農業の役割は徐々に縮小してきた[1]。GDPに占める農業（農林水産業を指す。以下，本書では断りのない限りすべて同様）部門の割合は1987年の40.6％から2015年には16.1％にまで低下した。しかし，農業が経済発展

におけるその役割を急速に減少させているあいだも，ベトナムの農村人口比率は大きく減少しなかった。ドイモイ開始直後に80％あった農村人口比率は，2015年には66％と，25年で15ポイント程度の減少にとどまっている（GSO various years）[2]。数だけでいえば，農村人口は1989～2009年の20年間で約910万人純増している（GSO 2010）。

この66％という農村人口比率は，国連の経済・社会統計が示す東南アジアの平均（55％）を10ポイント以上も上回っている（ただし，過大評価の可能性

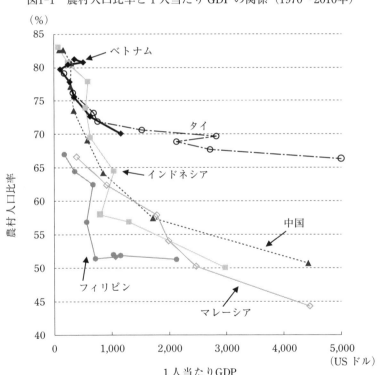

図1-1　農村人口比率と1人当たりGDPの関係（1970～2010年）

（出所）　United Nations Department of Economic and Social Affairs（http://esa.un.org/unpd/wup/index.htm），IMF World Economic Outlook Database（http://www.imf.org/external/），General Statistics Office of Vietnam（http://www.gso.gov.vn/）.
（注）　マレーシアは1970～1995年。ベトナムは1975～2015年。

はある)[3]。図1-1は，中国，タイ，インドネシア，フィリピン，マレーシア，ベトナムの1970年から2010年までの5年ごとの1人当たりGDP（横軸）と農村人口比率（縦軸）の関係を示したものである（マレーシアは1995年まで，ベトナムは1975年から2015年まで）。この図が示すとおり，これら近隣の先発工業化国では，1人当たりGDPが1500ドルに至るまでのあいだに，農村人口比率が55％程度にまで急速に落ち込んでいる。ベトナムの2015年の1人当たりGDPは2000ドルを超えている（2109ドル）にもかかわらず，農村人口比率はまだ66％ある。なお，東北部農村に大きな人口を抱えるタイは唯一例外的に1人当たりGDPが5000ドルを超えても農村人口比率が65％を超えている。

2．農村の非農業雇用機会の増加

農村人口が高止まりしているひとつの要因は，農村への人口流入である。10年に一度実施される「人口・住宅センサス」（以下，「人口センサス」）の2009年調査のデータによれば，省をまたぐ（inter provincial）農村から都市への人口流出が148万人あったのに対し，農村への流入（農村・農村移動，都市・農村移動）の数も142万人を数える。このことは，都市だけでなく農村にも大きな雇用の機会が存在していることを意味している[4]。

農村に存在する大きな雇用機会のひとつは，おもに中部高原にある輸出農産物の大規模農園における農業労働の雇用である。2001年，2006年，2011年にベトナム統計総局により実施された「農業・農村・水産業センサス」（以下，「農業センサス」）結果によると，農業に従事する労働年齢人口の労働力は，2001年から2011年にかけて国全体で16％減少（2453万人から2056万人の約397万人減）しているなかにあって，中部高原では約34万7000人（22.4％）も増加している（GSO 2007b, 230-231; 2012, 297-298）。

しかし，それ以上に大きなインパクトを与えているのが，農村における非農業部門の雇用増である。入手可能な統計資料が限られているため，1990年

代の状況を定量的に把握することが困難であるが，少なくとも2000年代以降は，農業から工業・サービス部門への大規模なシフトが起きている。2001年には農村世帯のうちの農業を主たる所得源とする世帯は79.1％を占めていたが，2011年には57.1％にまで減少する（その間，農村世帯数は1307万から1534万世帯まで，つまり10年間で約200万世帯以上も増加している）。一方，工業・サービス部門の職業を主たる所得源とする世帯の割合は2001年の17.3％（工業6.1％，サービス11.2％）から2011年には36.7％（工業17.3％，サービス19.4％）まで上昇している（表1-1）。

　この農村の工業部門の担い手のなかで，近年とくに目立って存在感を増しているのが，おもに主要国道沿いに位置する工業団地内の企業である。2011年末時点には，ベトナム全体で283の工業団地で176万人が雇用されていると推定されていた。そのなかでも，2000年以降に建設された工業団地は，土地収用の高コストや労働者の高賃金を嫌い，農村部に分散立地する傾向にあった（新美 2013, 177-182）。一方，工業団地が増加する以前から，農村の労働力を吸収してきた工業部門のもうひとつの重要な担い手が（とくに紅河デルタ地域では）専業村であった。

表1-1　主たる所得源ごとの農村世帯数と割合

	2001年	(％)	2011年	(％)
全世帯数	13,065,756		15,343,852	
農業	10,331,108	(79.1)	8,755,381	(57.1)
工業	799,057	(6.1)	2,660,402	(17.3)
サービス	1,458,557	(11.2)	2,980,984	(19.4)
その他	477,034	(3.7)	947,085	(6.2)

（出所）　GSO（2007b; 2012）より筆者作成。

第2節　家内企業の成長

1．ドイモイ初期の家内企業の成長

　ここでは，家内企業の現状を示す前に，ドイモイ開始後1990年代に家内企業が急速に増加した経緯を，先行研究から明らかにする。

　ドイモイ路線採択後，党・政府がまず取り組んだ改革は，国有企業や合作社の独立採算制の導入と価格の自由化であった（木村 1996, 129-133）。これにより，長らく統制価格と国家の財政支援に守られてきた国有企業の多くは赤字に陥り，1991年の閣僚評議会議定第388号公布により国有企業の解体の手続きが定められると，これらの赤字企業は地方の中小企業を中心に解体されていった。1989年に1万2000社あった国有企業の数は，1995年には6310社へと半減した（石塚 2009; Riedel and Turley 1999）。1985年に3万7000社あった製造業の合作社も，1995年には1700社にまで減少する。国有企業と国家機関は1989年から1992年のあいだに100万人以上を解雇した（Oudin 2002, 366）。そして国有企業や合作社の大量の解散と平行する形で，家内企業が増加していった。

　ただし，原則的にはすべての経済活動が国有企業や合作社により行われていることになっていたドイモイ以前の計画経済時代にあっても，少なくともその末期には，国有企業の経営者，労働者たちや合作社の社員たちによる個人・世帯単位の経済活動は容認されていた。刊行されている統計資料からドイモイ開始以前の家内企業の数や雇用者の実態を把握するのは困難であるが，他のデータから家内企業の存在の大きさをうかがうことができる。たとえば，ドイモイ開始以前でも工業生産額に占める「個人」部門の割合は1983年には22％に達していた（GSO various years）。小売市場での私営商店の取り扱いシェアも，1982年には59.2％に達していた（木村 1996, 152-153）。その後これらのシェアはドイモイ直前の1985年にはそれぞれ17.6％と41.9％に減少するが，

それでも計画経済の時代にあって「個人」部門は大きな存在であったことがわかる(5)。そしてドイモイ開始直後から，家内企業の数が急増する。1980年に84万単位であった家内企業の数が1990年には220万単位にまで増加したとするデータもある（van Arkadie and Mallon 2003, 159）。

2．家内企業成長の初期的要因

　1990年代に「企業」（incorporated enterprise）ではなく小規模な家内企業が増加した要因として，まず資本制約の問題が挙げられる。O'Conner（1998）は，中国の農村工業との比較から，ベトナムの農村では，農村工業が興る以前の段階での農業生産による資本蓄積が不足していたこと，そして金融市場が未発達であったために国家部門，集合部門に優先的に資金供給される体制であったことを指摘する。また，当時の民間企業設立に対する厳しい規制という制度的制約も存在した。1999年に新たな企業法が公布され，民間企業を設立できる事業分野が拡大され，企業登録手続きも明確化されると，わずか4年のあいだに民間企業数が3万5000社から8万4000社へと倍以上に膨れ上がった。このことからも，1990年代にはまだ企業設立に大きな制約があったと考えられる。1990年代は，民間の資金が，制約の少ない家内企業の設立に向かうという形で家内企業が増加していったのである。

　ふたつ目の要因は，農業経営の急速な変化による労働力の供給増である。1990年代の農業の生産性の上昇は，化学肥料や農薬の多投入型の農業生産の浸透であった（坂田 2013a）。そのため，それを可能にする投入財購入のための現金収入の必要性が高まるという結果となった。その一方で，労働生産性向上による余剰農村労働力が発生し，農村の家内企業がこれらの労働力の多くを吸収した。

　家内企業が増加したもうひとつの要因は，解体された国有企業や合作社からの資本財や技術の移転である。資本財や技術の移転は，実は計画経済時代の末期からすでに起こっていた。O'Conner（1998）によれば，工業部門の国

有企業や合作社では，経営者や労働者，合作社の社員は，優遇措置を得て購入した投入財を自由市場に横流しして利益を得ていたという。計画経済末期にはこのような「壁を壊す」("fence breaking") 行動（Fforde and de Vylder 1996）が横行していた。加えて，ドイモイ開始後は彼ら自身が機械や設備を安価で入手し，家内企業の経営を始めた。

　また，とくに農村で家内企業が増えた要因のひとつとして，1990年代からの経済成長と貧困削減がもたらした農村における工業製品やサービスの需要増加がある。農村の家内企業が，増加する農村の需要に応えるビジネスの機会を得ることができたのである。トラン・ヴァン・トゥは，農村の工業部門が生産するのは，①農村需要を満たすための最終消費財を手工業的方法で生産するもの，②特定の農村で生産されてきた伝統的工業品を生産するもの，そして③農村に立地するが近代技術・経営手法で生産されるもの，の3種類としているが（トラン・ヴァン・トゥ 2010, 179），経済発展の初期には①や②を供給する家内企業が増加した。とくに，農村で貧困から抜け出した多くの住民が住居の修繕をしたり，バイクを購入したりしたため，大工・左官や電気工事，バイク修理といったサービス部門の仕事も増加した。

第3節　個人基礎のマクロ状況

1．個人基礎に関するデータ

　「個人基礎」は，2000年に公布された事業所登録に関する政府議定第2号（02/2000/NĐ-CP）により規定された。同議定では，個人基礎を「個人あるいは家計により所有され，固定された一地点で事業を行い，通常は労働者を雇わず，印章をもたず，生産経営活動に対して自己の財産ですべて責任を負う」と定義している。ただし，農林水産業，造塩業，屋台による移動販売業，低所得のサービス業（低所得と定義するための所得水準の決定は省人民委員会が

行う）に従事するものは，登録を免除されることになっている。その後，2004年の政府議定第109号（109/2004/NĐ-CP）では，「労働者数が10人未満，所在地が1カ所である」ことが定義に付け加えられ，10人以上の労働者がいる，あるいは2カ所以上の事業所をもつ個人基礎は，その登録を「企業」に移行させなければならないと定められた[6]。

ベトナム統計総局は，2002年以降，サンプル調査による個人基礎サーベイ（Non-farm individual business establishment survey）を毎年実施している。また，5年に一度実施される事業所センサスの結果報告書に個人基礎サーベイのデータも含まれるようになった。個人基礎サーベイの特徴は，事業所登録を行っていない個人基礎も調査対象となっている点である。2012年事業所センサス結果報告書（GSO 2013）によると，個人基礎のうち，事業登録を行っている個人基礎は31％にとどまる。農村ではこの比率が22％にまで下がる。ただし，事業登録を行っている個人基礎の比率は2007年より若干増加している（2007年は全体で27.5％，農村では18.6％）。

表1-2は，2002年，2007年，2012年の企業，合作社，個人基礎の概況である。2002年に個人基礎サーベイが開始されて以来，個人基礎の数は増加を続け，2002年の260万単位から2012年には460万単位へ，労働者数（経営者も含む）も440万人から790万人に増加している。2012年にベトナムで企業として

表1-2　企業，合作社，個人基礎の事業所数および労働者数

	2002年	2007年	2012年
事業所数			
企業	56,578	125,099	341,601
合作社	n/a	13,456	13,574
個人基礎	2,619,341	3,748,138	4,624,885
労働者数			
企業	2,685,151	6,565,930	10,973,140
合作社	n/a	275,449	242,916
個人基礎	4,436,747	6,593,867	7,946,699

（出所）　GSO（2004; 2008; 2013）より筆者作成。
（注）　個人基礎の労働者には経営者も含む。

登録されている事業所数の34万社に比べれば，個人基礎の数がいかに多いかわかるであろう。ただし，労働者数は企業の労働者数ほどの伸びを示していない。表1-2の労働者数のデータをみると，2002年では個人基礎が企業を大きく上回っていたが，2007年調査ではほぼ同数となり，2012年にはついに逆転している。このような零細な個人基礎に従業員数10人未満の「零細企業」の数10万社を加えると，ベトナムの全事業所数の95％，従事者数にすると53％を零細規模の事業所が占めることになる。

なお，2007年の「労働力サーベイ」（Labor Force Survey: LFS）の結果によれば，非農業部門の家内企業の総数は，事業所センサスの結果を大きく上回る915万単位となっている。これは，労働力サーベイの調査対象には所在地をもたない屋台の物売りや，個人で仕事を請け負う大工や電気修理業などの個人事業主も含まれるためである。ただし，本研究の対象となる専業村の家内企業のほとんどは所在地を有しており，彼らは事業所統計の「個人基礎」のカテゴリーに属する存在と中小企業であると考えてよい。

2．農村の家内企業

個人基礎のデータに戻ると，2012年のデータでは，サービス部門，とくに「卸・小売，自動車・バイク販売修理」が事業所数，労働者数ともに最も多く，それぞれ家内企業全体の44.7％と38.7％を占める。そのつぎに多いのが「製造業」で，事業所数，労働者数はそれぞれ全体の18.5％，22.5％である（表1-3）。

2012年時点では，個人基礎の61.5％は農村に位置し，個人基礎の労働者の60.2％も農村で働いている。農村の個人基礎は252万単位，労働者数は415万人であり，2007年と比べても事業所数で14.4％，労働者数で5.6％の増加傾向にある。

刊行された統計には，農村の非農業部門の労働者数全体を直接示すデータはないが，2011年の農業センサスの「就労可能人口」（3200万人）から農業

表1-3 業種別，農村・都市別個人基礎データ（2012年）

	事業所数	(%)	労働者数	(%)
鉱業	26,381	0.6	58,415	0.7
製造業	856,634	18.5	1,788,969	22.5
電気・水道・ガス・廃棄物処理	6,864	0.1	19,249	0.2
建設	85,180	1.8	527,251	6.6
卸・小売，自動車・バイク販売修理	2,068,508	44.7	3,073,742	38.7
運輸・倉庫	265,758	5.7	345,700	4.4
宿泊・飲食	741,149	16.0	1,311,324	16.5
情報通信	28,534	0.6	47,248	0.6
金融・保険	11,141	0.2	17,080	0.2
不動産	189,914	4.1	226,958	2.9
専門・技術	18,926	0.4	30,622	0.4
行政サービス	39,593	0.9	71,744	0.9
教育・訓練	14,157	0.3	30,953	0.4
医療・社会保障	21,008	0.5	38,251	0.5
芸術・娯楽	35,361	0.8	61,933	0.8
その他サービス	215,777	4.7	297,260	3.7
都市	1,574,532	38.5	2,744,957	39.8
農村	2,518,552	61.5	4,148,088	60.2

（出所） GSO（2013）より筆者作成。
（注） 都市・農村の分類は，「安定した活動拠点のある個人基礎」のみの分類であるため，総数は業種別の総数より少なくなっている。

就労者（2496万人）を除いた704万人が非農業部門の労働者と仮定すると，農村の非農業部門の労働者数に占める個人基礎の労働者の割合は59％ということになる。残りは農村の企業で働く労働者か，個人基礎に当てはまらない零細な個人事業主や日雇い労働者であると考えられる。ただし，704万人には非就労者も含まれていることから，実際には農村の個人基礎は非農業分野の雇用の面で，この推計以上に大きな割合を占めているはずである。

2012年のデータには部門ごとの労働者数が記載されていないが，2007年のデータによると，農村の個人基礎の労働者のうち，製造業の労働者は37％（144万人）を占め，「卸・小売，自動車・バイク販売修理」の33％（129万人）を上回り，事業所の小分類のなかでは最も多い。刊行された事業所センサス

結果には,「卸・小売,自動車・バイク販売修理」の内訳は示されていないが,バイク修理業はどの農村にも必ずといってよいほど存在する。農村の家内企業には,製造業やバイク修理などの工場(こうば)が多い。

なお,2007年の労働力サーベイの結果によると,「インフォーマル雇用」の状態の労働者,すなわちインフォーマルセクターで働く労働者やフォーマルなセクターでもインフォーマルな形態(長期雇用形態を結んでいない状態)で働く労働者(農業を除く)は2400万人いる。専業村で働く労働者たちには,個人基礎の常雇いの労働者ばかりではなく,日雇い労働者や期間限定の労働者も含まれており,農業センサスの専業村のデータで示された約77万人という労働者数(序章第1節参照)は,かなり過小評価された数字である可能性がある。

小括

本章ではまず,農業の経済的な役割の低下にもかかわらず農村人口比率が高止まりしていること,そしてその要因として,農村における非農業部門の雇用機会の拡大,とくに専業村における労働力の吸収が大きな要因として挙げられることを示した。専業村で経済活動を行う主たる経済主体は小規模な家内企業であり,その大部分はベトナムの統計上のカテゴリーである「個人基礎」に含まれる。農村の個人基礎がすべて専業村のような製造業の集積を形成しているわけではなく,バイク修理などのサービス部門の個人基礎も多い。

2000年代に入り,民間企業の設立数が増加し,外資の流入も増加している一方で,農村の個人基礎の数も増加し続けている。すなわち,(少なくとも事業所数のうえでは)経済成長にともない小規模でインフォーマルな家内企業の存在が縮小し,より大規模な企業に取って代わられているわけではない,ということになる。これは,ベトナム経済の発展の過程で,経済活動の量的

な拡大のみならず，多様性が増していることの証左である。われわれは，ベトナムのこの経済活動多様化のステージで何が起きているのかを見過ごすべきではないだろう。

次章以降では，筆者によるフィールドでの調査結果を用いたミクロな視点から，多様化した経済活動の機会をとらえるこれら家内企業の経営者や労働者の戦略性を明らかにしていく。

〔注〕
⑴　1988年の党政治局決議第10号の公布による農業生産・流通の自由化や1993年の土地法改正による農家世帯への土地使用権付与という生産意欲を刺激する制度の導入により，計画経済時代の合作社による集団生産体制がもたらした食糧生産の停滞は，短期間のうちに改善された。コメの生産量は1987年からの10年で1600万トンから2600万トンまで約1.7倍に増加し，2000年には4000万トンに達している（日本の同年のコメ生産の4倍以上である）。1989年にはコメの輸出も始まり，1997年に輸出量世界第2位となって以降は，量ベースでは毎年世界2〜3位の座をずっと争っている（GSO various years）。
⑵　2015年のデータはベトナム統計総局ウェブサイトより（http://www.gso.gov.vn/default_en.aspx?tabid=622&ItemID=16194，2016年12月閲覧）。
⑶　ベトナムでは，社レベルの行政単位が「農村」「都市」の区分の単位となっている（「社」であれば農村，「市鎮」「坊」であれば都市）。農村から都市へのステータスの変更に際して，全国統一の規準があるわけではなく，社による申請が省人民委員会で承認されれば都市にステータスを変更できる。都市化が進んでも農村のステータスを維持している行政単位も多く（とくに南東部），実際に農村と呼ぶべき地域に居住している人口の比率はもっと低い可能性がある。詳しくは坂田（2015）を参照のこと。
⑷　もうひとつの要因は，農村人口の自然増である。1999年人口センサス時（GSO 2000）の農村部の合計特殊出生率は2.57あり，2009年人口センサス時（GSO 2010）でも2.14あった。
⑸　この「個人」の定義は明らかではないが，1990年代前半まで『ベトナム統計年鑑』のGDPの内訳は，「国家」（nhà nước）部門，「民間・個人」（tư nhân, cá thể）部門のふたつのカテゴリーのみに分類されており，この「民間・個人部門」に当たるものと考えられる。そのため，民間企業もある程度含まれていたと考えられる。1995年のデータからは，「民間・個人部門」が「民間」「個人」「混合」（hỗn hợp）に分けて示されるが，1995年の「民間」「個人」「混合」

部門のGDPに占める割合はそれぞれ3.1%，36.0%，4.3%と，個人部門が大きな位置を占めていた。このことからも，ドイモイ開始以前の「民間・個人部門」もその大部分を「個人」つまり家内企業による産出によって占められていたと考えられる。

(6) その後さらに，2006年には，2005年の企業法改正にともなう若干の条文の修正がなされた新たな政府議定第88号（88/2006/NĐ-CP）が公布された。

第2章

鉄鋼専業村の発展

―― ドイモイと農村工業化 ――

チャウケーの風景。チャウケーでおもに生産されているのは棒鋼と線材である。

(2006年12月　筆者撮影)

はじめに

　専業村の家内企業の活動の多くは，農家が副業として始めたものである。経営規模は概して小さく，経済発展により台頭する近代的で大規模化した都市の企業に比べ，製品の品質の面でも生産効率の面でも劣る。さらに専業村でつくられた製品は，貿易自由化により増加する輸入品とも競争せねばならない。そのようななかで生き残りさらに発展さえしているのは，どのような専業村のどのような家内企業であろうか。

　農村で起こる工業部門の経済活動に関する既存の研究では，工業化に必要な資本，労働，土地，技術といった資源のなかで，労働賦存の優位性から農村工業の発展を説明するものが多い。土地に対する人口圧力が高まり，農村に余剰労働力（偽装失業）が滞留している地域で農村工業が発展するという説明である。そのため，農村工業は労働使用的な産業で，土地当たりあるいは資本当たりの雇用吸収力が高い中小企業が中心的なアクターとなるとされる（Weijland 1999; Lanjouw and Lanjouw 2001; Reardon et al. 2000; 水野 1999）。それは現代の途上国に限らず，明治期から戦前の日本においても観察された（谷本 1998; Tanimoto 2013; Kiyokawa 1991）。

　また，労働だけでなく，農村の社会構造や非制度的な関係性も農村工業発展の重要な要素であると考えられてきた。北原淳は，東南アジアにおいて生産性が向上した農業から蓄積された資本が農村内で分配され，非農業部門のビジネスチャンスが生まれる過程で，資本移転のチャンネルとなった農村内の社会関係が重要であったとしている（北原 1997）。また，農村工業化のためには，農村ゆえに存在する「共同体」認識（速水 1995, 253-286）も重要な資源とされる。これらは，ローカルレベルでの原材料や労働力の調達の際に取引費用を低下させる機能をもつからである。

　農村工業化に関する既存研究では，工業化のための資源をローカルレベルで安価にあるいは効率的に調達できる点に農村の優位性があるとされる。一

方で，農村と都市部の市場とをつなぐ在地商人の存在が重要な役割を果たしているという指摘がある（谷本 1998; 菊池 1996; 水野 1999）。しかし，農村内部で調達された資源により生産された製品が，在地商人をとおして都市部の市場に売られるという，農村と都市の経済システムを二重構造的にとらえる見方は，現実を単純化し過ぎているといえよう。本章では，専業村の家内企業が村の内外で多様なチャネルから資源を調達し，村の外部とさまざまな形で関係を築きながら活動している様子を示す。

本章は，ベトナムで最も工業化が進んだ専業村のひとつであるバクニン省の鉄鋼専業村チャウケー（Châu Khê）の発展の過程を事例として取り上げる。ドイモイ開始以前は静かな農村であったというチャウケーも，経済自由化以降，鉄製品（おもに建設資材）の需要急増によって短期間のうちに発展した。ベトナムでは，経済成長により都市部の高層ビルの建設ラッシュが起こっただけでなく，農村も含む一般向け住宅の建設や，計画経済時代に建設された学校や役所などさまざまな建物の建て替えも行われ，チャウケーで生産される低価格の建設資材の需要が急拡大していった。ベトナムでは，外資の参入や民間企業の成長により，高級鋼板の生産が可能な企業も現れるなど，鉄鋼生産のキャパシティが質，量ともに向上しているが（川端 2015），それでもなお，経済成長はさまざまな種類の鉄鋼製品の需要を喚起し，低価格・低品質の製品を製造する小規模な生産者が生き延びる余地を市場に生んでいる。小規模な世帯単位の家内企業だけでなく，大規模化して企業登録する家内企業も増えており，チャウケーは，労働者数でみてもそこで生み出される生産額でみても，ベトナムで最も規模の大きな専業村のひとつに成長した。

筆者は2006年から2015年にかけて約10年間，年1～2回のペースで毎年チャウケーを訪問し，人民委員会の幹部や鉄鋼関連の家内企業を定期的に調査してきた。2007年末から2008年初にかけて，家内企業の経営者を対象とした質問票調査を実施した。さらに，2012年には社で働く労働者を対象とした質問票調査も行った。調査を始めた当初，チャウケーはティエンフォン（Thiên Phong）県のひとつの社であり，行政単位のカテゴリーとしては農村であっ

た。しかし，2008年に行政改革の一環として，ティエンフォン県がとなりのトゥーソン（Từ Sơn）市社に合併吸収され，それにともない，チャウケーは坊，つまり都市扱いの行政単位となった。

　本章の内容は，おもに2007～2008年の質問票調査の結果をまとめたものである（2012年調査の結果は次章で示す）。調査対象は，チャウケーで鉄スクラップを原料として建設資材を製造する家内企業や，その関連の業種の家内企業の経営者たちである。質問票調査の結果に加え，2006年から2015年までのあいだに数多くの家内企業に対して行った聞き取り調査や，社・坊人民委員会幹部への聞き取りにより得られた情報も補足している。

　本章は，まずチャウケーの歴史と鉄製品の製造工程について概観した後，家内企業の経営者の生業の変遷過程をみていく。先行研究（グルー 2014; DiGregorio 1999; Đặng Kim Chi 2005など）や聞き取りの結果から，数百年前から農具などの鍛造を行う職人がいたことと，1990年代半ばに鉄鋼関連の家内企業が集積し始めたことがわかっているが，個々の家内企業の発展過程をみることで，チャウケーが急速に工業化していくその経緯を詳しく知ろうという試みである。

　さらに，農家や小規模な手工業者が成長していく過程で，どのように労働力，資本，技術を調達してきたかを明らかにする。筆者が行った調査からは，法律の遵守状況や技術，資本などの面で，チャウケーの家内企業のインフォーマル性が浮き彫りになった。それは，資本や技術に制約のあるチャウケーの経営者たちにとっての最適な戦略だからであるが，それは，労働者の確保や生産性向上，製品の品質確保のための彼らなりの制度的工夫でもある。本章では，聞き取り調査からそのような工夫も明らかにしていく。

第1節　鉄鋼専業村チャウケーの概要

1．バクニン省経済の脱農業化と専業村の発展

　調査を実施したチャウケーのあるバクニン省は，ハノイの北東に位置する。同省のほとんどの地域は典型的な紅河デルタの農村地帯であったが，2000年代に入り急速に農業の役割が縮小し，工業化が進んだ[1]。GDPに占める農業の割合と全労働者に占める農業労働者の割合は，2000年から2013年までのあいだに半分以下に大きく減少し，農地の割合も13ポイント以上減少している（表2-1）。また，2000年時点の値がすべて全国平均を上回っていたのに対し，2013年には，農地こそまだ豊富に残されているものの，農業のGDP比，農業労働者の割合は全国平均以下となっている。全国平均を上回るペースで非農業経済部門の発展が進んでいたということになる。

　バクニン省は，紅河デルタ地域のなかでも専業村が最も発展している省のひとつである[2]。バクニン省の統計によれば，2012年時点で同省には62の専業村がある。そのうち半分の31の村は古くから存在する伝統工芸専業村であり，残りの31村は1980年代以降に新しくできた専業村である（Lê Xuân Tâm và Nguyễn Tất Thắng 2013, 1216）[3]。バクニン省では，クエボー（Quế Võ），イェンフォン（Yên Phong），VSIP（Vietnam Singapore Industrial Park）といった，それぞれ数千人を雇用する日本や韓国，台湾などの外資企業が入居する大規模

表2-1　バクニン省の農業に関する基礎データ

単位：％

	2000年（全国平均）	2013年（全国平均）
GDPに占める農業の割合	38.0（19.8）	5.28（18.4）
農業労働者の割合	79.8（68.2）	31.3（46.8）
農地の割合	64.7（28.4）	51.1（30.9）

（出所）Bac Ninh Statistical Office（2007; 2014），GSO（various years）より筆者作成。

な工業団地も複数存在している。その一方で，専業村が同省の経済発展に果たす役割も大きく，2012年の専業村の工業生産は省の工業生産額の35％を占めていた。多数の外資企業が入居する大型工業団地と小規模な家内企業が集積している専業村が並存しているという点で，バクニン省はベトナムでもユニークな省であるといえる。鉄鋼のチャウケーに加え，木工家具のドンキ（第5章参照），紙生産のフォンケー（Phong Khê），銅細工のダイバイ（Đại Bái）といった数千人が働く大規模な専業村が複数存在している。2000年代初頭から，専業村における工業・小手工業生産を奨励するために，省が専業村の近隣の農地を買収し，小規模工業団地を建設し，生産規模を拡大したい世帯を移転させるという政策を進めてきた。2012年時点で同省には，このような小規模工業団地が28あった[4]。

2．チャウケーの発展史

ハノイから約20キロメートル北に位置する，現在のチャウケー坊にあるダーホイ（Đa Hội）村は，約400年前から鋤，鍬などを鍛造する鍛治屋の集住する村であった。計画経済時代には小手工業合作社があり，戦争中に使われた武器弾薬の鉄スクラップを原料とした鍛造業が細々と続けられていたというが，村の経済活動の中心は農業であった。ドイモイ開始以降の経済自由化により鉄スクラップ収集や鍛造，伸鉄（後述）などの鉄鋼関連の経済活動に参入する世帯が増え始め，徐々に発展してきた。生産されるのは棒鋼，形鋼，線材（ワイヤー）といった建設資材，伝統的に生産している鋤，鍬などの農機具，ねじ，釘などである。

ドイモイ開始後，1980年代末から鉄鋼業が発展し始めたとき，ダーホイ村の各世帯がまず導入したのが，当時経営難で解散させられた国有鉄鋼企業の機械・設備（おもに伸鉄関係の機械と圧延機）であった。国有企業の機械・設備を購入すると，元国有企業の技術者から技術指導と故障の際の修理サービスを受けられたという。

その後，鉄製品の生産はダーホイ村からチャウケーのなかの他の4村へと拡大していった。原料は，工場や家庭発生の鉄スクラップ，建設物の解体現場から発生する鉄筋などのスクラップである。ハノイや近隣の省のみならず，中部や南部からも収集されてくる。日本から輸入される鉄スクラップや，ラオスから持ち込まれる鉄スクラップも調達されてくる。また，ハイフォンや中部沿岸地域の港で解撤された中古船舶の鋼板も，原料として使われている。

チャウケーでは2001年末に13.2ヘクタールの小規模工業団地が建設された[5]。これは，各世帯の保有敷地内で行っていた活動の規模拡大が困難になったため，省が農地を買収して建設した工業団地である。筆者が質問票調査を行った2007年時点で，小規模工業団地には193の事業者が入居していた。小規模工業団地の建設により，チャウケー全体の鉄製品生産量は2000年の1万9000トンから2004年には14万1000トンへと急速に伸びた。さらに，2011年に9.5ヘクタールのふたつ目の小規模工業団地の建設が開始された。しかし，高圧電線の引き込みが予定より大幅に遅れたことと，その間に不況が進行したことで，2015年時点でもまだ数軒の家内企業が入居するにとどまっていた。

この小規模工業団地建設は，村の経済構造の大転換を生んだ重要な行政の介入であった。紅河デルタ地域の農地は一般的に，小さなプロットに分割され，それらを個々の農家が複数箇所に分散して所有する複雑な構造となっている（出井 2004; 竹内 2004）。そのため，このような細分化された農地を個々の世帯が各自で買収し規模拡大しようとすると，その交渉コストは大きなものになる。

区画当たりの面積が広くインフラが整った小規模工業団地への入居を機に，中国から2トン程度の小型の電炉（誘導炉）を購入しビレットと呼ばれる棒状の鋼塊の生産を開始する家内企業が増加し，さらに，大型のローラー式圧延機を購入し建設用の棒鋼や線材の生産を開始する家内企業も増加した。小規模工業団地には，より大容量の電力が確保できるグリットが設置され，電力を共同購入するための合作社も組織された（電炉による鉄スクラップの溶融は大きな電力消費をともなう）。このようにして，チャウケーでは鉄鋼業者の

大規模化と業者間の分業が進んだ。

 3．鉄鋼生産を担う多様なアクター

　チャウケーの鉄鋼関連の家内企業をその生産品により分類すれば，3つのグループに大別できる。まず，伸鉄関連のグループである。伸鉄とは，廃棄された鉄筋などの棒鋼を溶融せずに炭炉で加熱し伸ばして成型し，新たな棒鋼や線材を製造する技術である。原料として，棒鋼だけでなく，中古船舶の鋼板を裁断し棒状にしたものを使用する場合もある。伸鉄の上工程では，曲がった棒鋼のスクラップなどを伸ばし，切断や溶接でサイズを整える業者も存在する。中古船舶の鋼板を大型のカッターで細長く裁断する業者もいる。また，下工程，すなわち伸鉄で生産された棒鋼や線材を原料とする製品（門柱や窓枠，金網，釘，ねじなど）を生産する業者もいる。このように伸鉄関連では，小規模な家内企業による細かい分業が存在する。

　つぎに，鉄スクラップを電炉で溶融し，鋳型に流し込んでビレットを生産する業者がある（以下，「電炉業」と称する）。そしてもうひとつのグループは，ビレットを原料として建設資材を圧延生産する業者である（以下，「圧延業」と称する）。この工程で生産されるのはおもに鉄筋およびベトナムで角鋼（sắt vuông：英語では square bar）やV鋼（sắt V：英語では angled bar）と呼ばれている形鋼，そして線材である。角鋼とは断面が5センチ四方程度の角棒や断面が幅10センチ厚さ1センチ程度の平たい形鋼であり，V鋼は断面が90度に曲がったV字状になっている形鋼である。

　これらの3つのグループ以外にも，伝統的な鋳鉄により農機具などを製造している鍛冶屋もまだ存在する。また，製造業以外にも，鉄スクラップ収集・販売業，秤屋（収集された鉄スクラップの重量をトラックごと計測する業者），運搬業，製品の販売業，燃料である炭の販売業，機械の修理業などの周辺業者もいる。

　筆者が質問票調査を行った2007年末時点で，チャウケー社で「工業・小手

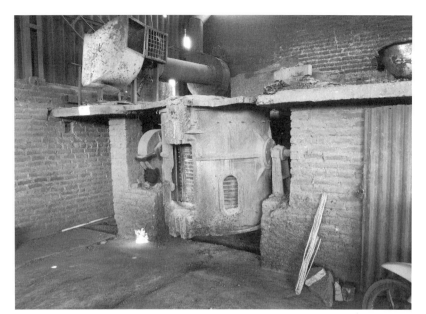

写真1：鉄スクラップを溶融する電炉（誘導炉）。溶融作業は電気代の安い夜中に行われる。
（2014年8月　筆者撮影）

工業」世帯として登録されている世帯は1762戸あり，そのうち191戸は電炉業者，164戸は圧延業者，367戸は伸鉄業者やその上工程，下工程の業者であった。有限責任会社として登録されている業者が18社，合作社が1社あったが，圧倒的多数を占める残りの業者は個人基礎であった。ただし，これ以外にも登録されていない個人基礎が多数あるものと思われるが，実態は不明である。チャウケー社の幹部によると，2007年調査当時，雇用されている労働者は（季節や需要の変化により）5000～7000人とのことであった（2011年調査時には6000～7000人程度に増加していた）。労働者の90％は他省からの労働者であるという。

第2節　チャウケーの経済構造の変化

1．経営規模と所得の格差

　本節以降はおもに，筆者が2007年から2008年にかけて実施した質問票調査の内容を検討していく。サンプル数は89である。調査当時，調査に応じてくれる家内企業が少なく，厳密なランダムサンプリングを行うことは困難であり，社の人民委員会の協力を得て，家内企業のなかから幅広い業種をカバーするようにしたが，電炉業者が半数以上（47業者）を占める結果となった。また，小規模工業団地からのサンプルの方に偏りが出る結果にもなった（46業者）。そのため，本節以降の調査結果は，チャウケーのなかでは比較的大規模な経営を行う家内企業を調査対象としたものであることに留意が必要である。

　また，調査対象の経営者のほとんど（89人中86人）は，古くからの鉄鋼専業村であるダーホイ村の出身者であった。調査対象者以外でも，2001年に建設された小規模工業団地に入居した家内企業のほとんどはダーホイ村の住民であったという。当時，鉄鋼業の経営で先行していたダーホイ村の住民がまず経営規模拡大に成功していたようである。調査を行った家内企業のうち，6社が企業として登録されている。残りの82は個人基礎である（無回答1）。個人基礎として登録はされているものの，その多くは10人以上の労働者で構成されている（つまり，本来であれば企業登録が義務づけられる規模である）。

　表2-2は，調査対象となった家内企業の概要である。調査対象となった家内企業は，雇用労働者数からみたその規模により，大きく3つのグループに分類できる。まず，最も経営規模が大きいのは圧延業者（19業者）であり，平均雇用者数は29.4人である。次のグループは，電炉業者であり（47業者），平均雇用労働者数は15.6人である。最後にその他の業種のグループである。このグループには伸鉄関係，鍛造業者（鍬，鋤，蝶番などを製造），廃棄物収

表2-2 調査対象家内企業の概要

	電炉業	圧延業	その他	全体
サンプル数	47	19	23	89
うち小規模工業団地内	32	13	1	46
雇用者数（人）				
平均	15.6	29.4	8.9	16.8
最大	37	60	33	60
最小	4	13	3	3
所得（1,000ドン/月）				
平均	22,104	27,084	12,913	20,792
最大	48,000	140,000	40,000	140,000
最小	7,000	12,000	1,000	1,000
経営者の年齢（歳）				
平均	43.0	38.6	38.3	40.8
最大	49	54	58	58
最小	24	24	26	24
経営者の就学年数（年）				
平均	7.4	8.1	8.8	7.9
最大	13	13	12	13
最小	1	1	5	1

（出所）　質問票調査結果より筆者作成。

集販売，鉄製品販売などの業者がいる（23業者）。平均雇用者数は8.9人である。

　経営者の平均所得も圧延業者，電炉業者，その他の業種の順に高く，月平均所得は圧延業者で2708万ドン，電炉業者は2210万ドン，その他の業者で1291万ドンであった。圧延業者と電炉業者のあいだの平均所得のあいだにあまり大きな差はみられないが，圧延業者および電炉業者とその他の業種のグループとの平均所得のあいだには大きな差がみられるという結果となった。

　質問票調査終了時点（2008年）での経営者の平均年齢は40.8歳と比較的若く，最年長でも58歳，最年少は24歳であった。平均の就学年数は7.9年であり，中学校卒業（高校中退も含む）という就学歴が最も多かった（54人）。小学校卒業25人を合わせると，中学校卒業以下という者が79人となり，約90％を占めることになる。最も少ない就学年数で1年という者が1人いる一方で，大

学卒業者も1人いる。圧延業，電炉業，その他で就学年数の大きな差はみられなかった。

　チャウケーの家内企業の経営者のほとんどは先祖代々住み着いている社の出身者であり，社の外部出身の経営者はほとんどいない（チャウケーの女性との婚姻により移住してきた者が経営者になる場合はあるという）。本調査では，1例を除きすべての経営者が「親，近親者，近所の人たちに倣って」事業を始めたと回答している。1980年代末から発展したチャウケーでは，2007年の調査時点ですでに二世代目の経営者も登場しており，親の仕事を継いだ若い二代目経営者は14人いた。親から土地や資金の提供を受けて起業した者も20人いる。

　チャウケーでは，ほぼすべての世帯の経済活動の中心は非農業活動である。ただし，離農は進んでいるものの，農地だけは保持しているという世帯も多い。調査対象世帯のあいだで農地を保持している世帯は半数弱の40戸あったが，実際に農業を行っている世帯は8戸のみであった。30戸の世帯は他の世帯に農地を貸しており，農作業を行っていない耕作放棄地を保持している世帯が1戸あった。

図2-1　経営者の

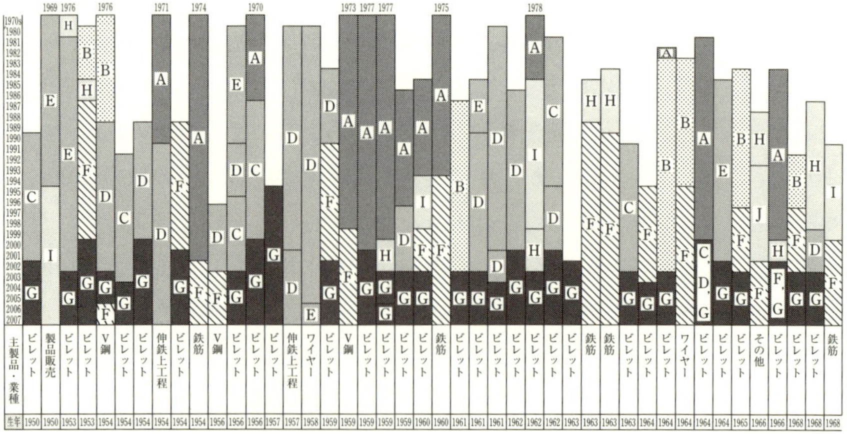

（出所）　質問票調査結果より筆者作成。

2．生業の変遷からみる経済的変化

　質問票調査では，家内企業の経営者たちの学校卒業以降の生業の変化について質問した。この生業の変化の分析をとおして，チャウケーの経済変化をみていく。個人史の聞き取りにより生業の変遷を把握するという調査手法は，2時点間の定量的な調査よりも，その2時点のあいだに起こった変化に関する質的な情報が得られるという点で優れており，また，長期間にわたり定点観測するという手法よりも簡単に情報が得られるという利点がある[6]。それらの情報を集計することで，調査対象者個人の職業や人生のイベントの選択の背景となる，農村全体の経済的・社会的な状況をとらえることを目的としている。ローカルレベルで信頼できる経年の経済・労働統計がないベトナムの末端の行政単位において，住民の生業の変遷をみることは，村や社全体の経済構造の変化を知るためには有効である。

　図2-1は調査対象の経営者の生業変遷の様子を示したものである。左から年齢が高い順に調査対象者を並べ，上から順に1980年から2007年までの生業

生業の変化

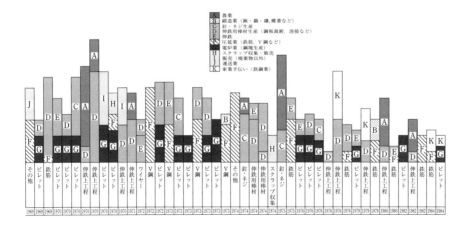

を示している（主業のみ。一部の経営者については，1970年代から）。この図にみられるように，多くの経営者は，鉄鋼業への参入後も業種を変えている。参入後に一度も転業していない者は21人と，調査対象の4分の1に満たない。一方，参入後1980～2007年のあいだに3度も転業している者が3人いる（平均転業回数0.98回）。とくに1990年代後半からは，ひとつの業種から次の業種へと転じる期間が短くなる。多くの経営者は，伝統的な鍛造業（鍛冶屋），廃棄物収集，伸鉄業あるいは伸鉄の上下工程といった業種から参入し，電炉業，圧延業へと，大規模な投資が必要な業種に徐々に転業している（電炉業，圧延業に直接参入しているのは11人のみ）。転業の際には，機械類をチャウケーの他の家内企業に売って新たな機械を購入するといい，チャウケー内で中古の機械が何度も再利用されている。

　図2-2は同じ調査結果を，別の形でまとめ，年ごとの新規参入数と転業数の合計を示したものである。チャウケーでは，1980年代後半から鉄鋼業に参入する世帯が増え始めたが，劇的に新規参入数と転業数が増加するのは2000年と2003年である。2000年に新規参入・転業した業者には，圧延業や廃棄物収集，伸鉄業が多く（計20業者中18業者），2003年では電炉業への参入が多かった（計28業者中25業者）。2000年に新規参入・転業が増加する要因は，当時の鉄鋼市場や村の経済状況，政策（とくに企業法改正）などの複合的な要因であることが考えられる一方，2003年の新規参入・転業増加の要因は明らかに小規模工業団地の建設の効果であろう。チャウケーの工業団地は，2001年に造成され，2003年までに大容量の電気のグリットや道路のインフラが完成している。

　総数89サンプルの断片的な情報ではあるが，そこから推測できる（そして聞き取り調査の情報から補足できる）のは，1990年代後半から2000年代初頭にかけての10年にも満たない短期間でチャウケーの経済状況が大きく変化したことである。とくに2001年の小規模工業団地建設は変化の大きなきっかけとなった。そして，チャウケーの経営者の生計も短期間で大きく変化した。いったん鉄鋼関連のビジネスを始めた業者も，さらにより高い利益を求めて生

図2-2 新規参入と転業数

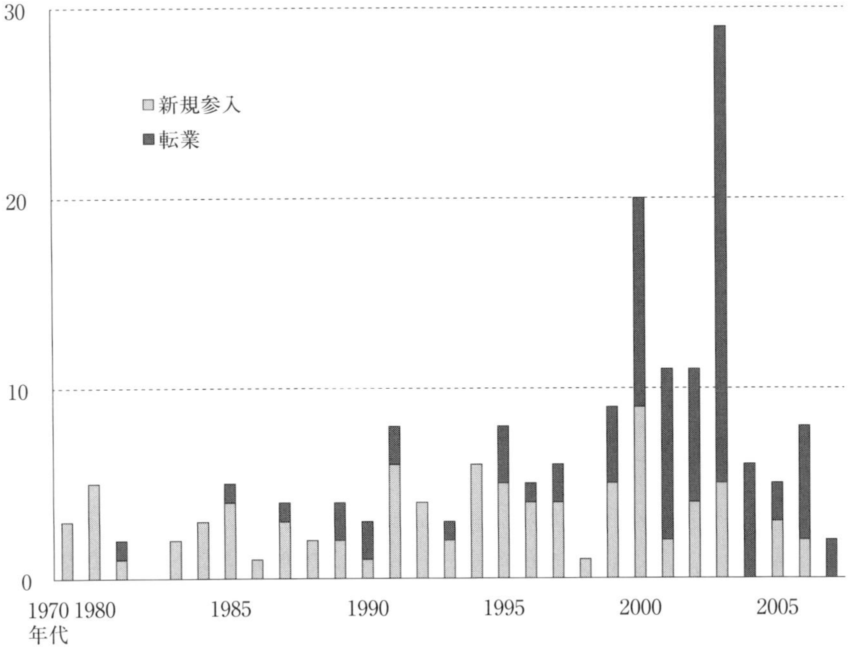

(出所) 質問票調査結果より筆者作成。

業を変えている[7]。そのための追加的な資本も必要だったであろうし，新たな顧客の開拓や技術と知識をもった労働者の確保，生産体制や他の関連家内企業との契約などの制度の確立も必要だったはずである。次節では，各家内企業が短期間のあいだに，いかにそれらの課題を解決していったかについてみていく。

第3節　家内企業の経営戦略

1．資本調達

　調査では，起業に際し誰からどのような支援を受けたかについて質問をした。その回答が表2-3である（なお，「誰からも支援を受けていない」という回答も5例あった）。起業に必要な資本調達については，半数以上の経営者は銀行（農業農村開発銀行，投資開発銀行）からの融資を得ていた。伝統的な鍛造業や伸鉄業といった小規模な経営から始めた経営者も，銀行からの融資を得ることができている。予想に反して，1990年代でも銀行借り入れへのアクセスはそれほど困難ではなかったようである。彼らは土地，正確には土地の使用権を担保に借り入れを行っているが，これには，1993年の土地法改正により，個々の世帯に土地使用権が付与されたことで可能になった[8]。ただし，初期の借り入れ金額は6000万〜7000万ドンと，決して多額とはいえない[9]。

　それほど多くの経営者が起業に際し近親者の支援に頼っているわけではないが，その少ない支援のなかでも，資本の援助は親兄弟や親戚から受け，土地は親や古くからの友人の土地を頼りにしている者が多かった。土地貸借の

表2-3　起業に際しての支援

	資本提供	資本貸付	資本貸付（相互貸付）	土地貸与	土地貸与の際の保障	技術援助	顧客開拓	合計
銀行	0	57	0	0	0	0	0	57
社人民委員会	0	0	0	3	9	0	0	12
友人	0	2	0	10	0	0	3	15
両親	3	0	0	14	3	0	0	20
兄弟	14	1	0	0	0	1	0	16
親戚	0	8	9	0	0	2	3	22
上記以外個人	0	1	3	0	0	0	0	4

（出所）　質問票調査結果より筆者作成。
（注）　「誰からも支援を受けていない」という回答5。

交渉にあたり，社の人民委員会を頼るケースもある。人民委員会の幹部たちへの聞き取りによれば，社の外部の個人や企業による投資はほぼまったくなく，ほとんどの事業者が自身で銀行借り入れを行うか，その一部を近親者などからの支援を得るかしながら個々に成長を遂げたことで，村全体が発展したとのことである。

2．生産技術・知識の獲得

村には，小さなものでは溶接機から大きなものは電炉やローラー式圧延機まで，さまざまな種類の機械が存在する。質問票の回答によれば，電炉の価格は2億～4億5000万ドンであり，7億5000万ドンの圧延機をもつ業者もいた。大型の機械の多くは中国製であり，鉄板の裁断機や溶接機などの小型機械はベトナム製が中心であった。なかには経営者自身の手による自作の機械もある（釘，ねじの成型機やワイヤー製造用の牽引機，鉄スクラップの圧縮機など）。

大型の機械を導入している企業でも，すべての製造工程を機械化しているわけではなく，多くの労働者を必要としている。とくにひとつの作業が終了した際に，そこで使われる機械から次の機械へつなぐ作業はほぼ人力で行われる。たとえば，電炉業者では，まずスクラップを手作業で分別し，油圧の圧縮機で圧縮し，それを電炉に人力で投入する。溶融鉄をビレットの鋳型に流し込む作業も人力である（2人一組で行う）。また，圧延業者でも，炭炉にビレットを投入する作業，過熱されたビレットを圧延機に投入する作業，圧延後に圧延機から製品を取り出す作業はすべて人力である。比較的大規模な工場のなかには，吊り下げ型のクレーンが設置されている場合もあるが，コンピューター制御の自動のものなどではなく，その操作にも労働者が必要である。

このように，機械と労働力を組み合わせて生産が行われているが，それは単に資本制約により近代的な機械を導入できないということだけが理由では

なく，労働者の知識や経験に頼ることで生産性を向上させることができるからであるという。たとえば電炉によるビレットの生産では，手作業による分別作業と炉への投入時の技術，溶融時間の調節が重要であり，労働者の技術と経験により，同じ量のスクラップからとれるビレットの量と品質が異なるという。

機械類に大きな投資をしている企業があるものの，これらの機械類の使い方や技術，あるいは鉄鋼に関する科学的な知識を教育・訓練機関から習得している者はほとんどいなかった。調査対象の家内企業のなかで，技術系大学を卒業した経営者または職人がいると回答したのは1例のみ，中等技術学校卒業者がいるのは2例，職業訓練を受けた労働者がいるのは1例のみであった。また，起業の際に親兄弟や親族，友人から技術を学んだという回答もわずか3例であった。これは，複雑な生産技術も生産管理も必要としない低級品が生産品の中心であり，技術や知識をもたない経営者や労働者が模倣により扱える範囲の機械・技術を用いているからと理解できる。

技術を獲得するのは，おもに機械販売業者をとおしてである。機械を購入する場合，販売業者が機械を設置し，使い方を指導するサービスがあることが一般的である。これは，中国から電炉を購入した場合も同様であり，中国人技術者がチャウケーまで指導にくる。また，重大な故障が生じた際にも販売業者に修理を依頼する。

3．取引関係と品質管理

チャウケーの家内企業のほとんどは，製造の1工程のみを担っている。2工程以上（たとえばビレット製造後に建設資材を圧延製造するなど）を行っているケースは非常に少ない（筆者の調査のなかでは1例のみ）。最も大きな理由は，資本の制約により規模拡大に限界があるためと考えられる。

表2-4は，調査対象の家内企業の原料調達，製品販売先がチャウケーの内部か外部かという質問に対する回答である（無回答1）。取引相手がチャウ

表2-4　取引相手の分布

		販売先		
		社内のみ	社外のみ	内外とも
調達先	社内のみ	20	11	6
	社外のみ	14	4	1
	内外とも	17	0	15

（出所）　質問票調査結果より筆者作成。
（注）　無回答1。

　ケーのなかだけという家内企業は20しかなく，チャウケー内外で幅広く取引が行われていることがわかる。

　チャウケーの外の取引先で最も数が多いのは，周辺の省やハノイの販売専門業者であった。中部・南部や海外から調達される原材料も，そのほとんどは近隣省やハノイの業者を経由されるものである。取引関係で特徴的なのは，どの工程の製品についても社の内外に市場があることである。ビレットのような半製品も，社のなかの圧延業者のみならず社の外の業者にも販売されている。また，同じ原材料・半製品を社の内外両方から調達している業者もいる。それぞれが単一の工程を担っていても，業者間の販売・調達ネットワークは複雑である（図2-3）。

　個々の家内企業は不特定多数の業者とスポット取引をしているわけではなく，「よい品質のものを供給してくれる」特定の調達先数軒を常に確保している。そして，それ以外に追加的になじみのない複数の業者からも原材料調達を行っている。販売についても，どの業者も数多くの得意先を確保しているという。電炉業者や圧延業者は，周辺地域やハノイだけでなく，中部や南部にも多くの得意先がある。調達・販売ともに，得意先は親族や古くからの友人ではなく，経済的な取引以外に個人的なつながりをもたない相手であるというケースがほとんどである。

　チャウケーで生産される鉄製品が，客観的な品質基準に基づいて生産されているわけではない。業者たちは，外形の規格に合わせられるよう鉄筋製造やV鋼製造などの機械を導入しているが，強度などの品質面での規格化は

図2-3 チャウケー内外の生産と製品の流れ

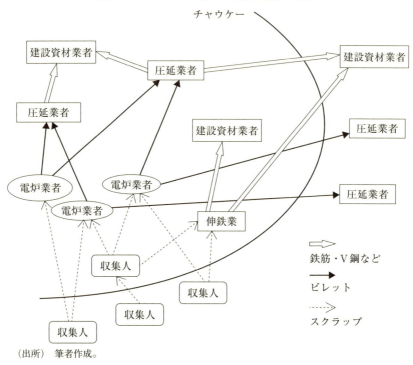

（出所）筆者作成。

行われていない。圧延業者たちは，彼らのいう「国家の規格」（ベトナム工業規格）の品質基準に沿った製品をつくり，そのことを商標などで示すようなことはせず，彼らの「評判」が品質を示すよりどころとなる。彼らの顧客は検査を行わなくとも，過去の経験から品質と価格に納得しているから取引を継続的に行っているのだという。

4．新製品の生産

最後に，2007～2008年の質問票調査の結果を離れ，質問票調査後にチャウケーで起こった外的変化とそれに対する家内企業の戦略的対応についてもふ

れておきたい。最も大きな外的変化は，2008年に襲った世界的な経済危機にともなう不況，とくに不動産開発の凍結による鉄鋼需要の落ち込みである。加えて，この頃から中国からの安価な鉄製品の輸入が増加した。それでも2010年頃までは，チャウケーの低価格の建設資材に対する需要は落ち込みをみせなかったが，毎年坊人民委員会が公布する経済・社会発展報告によれば，2012年から2015年までは鉄鋼生産は前年を数％ずつ下回り続けた。

しかし，鉄鋼関連の家内企業の数は約1700のままでほぼ減少しなかった。筆者の質問票調査後の2008年から2011年のあいだに企業登録数は18社から約300社に急増したが，2015年時点では倒産した企業はなかった。彼らは，多様な取引ネットワークをとおしてリスクを低減させつつ，生産調整や一時的な活動休止で困難な時期をしのいでいたようである。その一方で，大規模化した企業も出始め，チャウケーの小規模工業団地の造成区画に入りきらない

写真2：スクラップから生産されるビレット。これを別の業者が圧延して建設用の棒鋼を製造する。
(2006年12月　筆者撮影)

写真3：ワッシャーを生産する家内企業。棒鋼，線材以外の製品の生産は，2014年頃始まった新しいビジネスである。　　　　　　　　　　　　　　　（2014年8月　筆者撮影）

いくつかの企業がバクザン省のディンチャム（Đinh Trám）という工業団地に集中して入居した。

　また，チャウケーでは，棒鋼や線材だけでなく，板状の製品をつくる企業が登場し始めた。電信柱のジョイント部分に用いる直径60センチほどのワッシャー（円盤状の板）である。板状の製品は，少なくとも筆者の観察によれば，チャウケーではそれまでになかった新しい製品である。この製造過程では，それまで村で使われていた形鋼の圧延機に加え，圧延された形鋼を巻き取りそれを圧縮する機械を中国から購入し，組み合わせてコイル状の板を製造する。さらにその下工程で，ガスカッターを使って手作業でコイル状の板を切断し，ワッシャーに仕上げる。筆者は2社の企業でこの新たな製品の製造を確認できたが，これらの経営者らは中国に行き，ワッシャーを製造している企業を訪問して，その技術を模倣しているという。

不況に直面し，生産調整をしながら需要回復を待つ者，大規模投資に打って出る者，新製品を製造し市場を開拓し始める者など，経済自由化後に鉄鋼専業村として発展し始めて25年以上が経ち，チャウケーの経営者たちもさらに多様化し始めている。

小括

　チャウケーでは，1980年代末に鉄鋼専業村としての発展が始まり，2000年代に入り電炉業，圧延業が拡大し，産業構造が大きく変化した。チャウケーがこのような発展を遂げた要因には，経済発展による建設資材の需要拡大があったことがまず挙げられる。ベトナムで建物の建設にあたり，資材の強度などの品質規格が厳格に適用されていないことも，おそらくチャウケーの低品質製品の需要増の一因となったであろう。

　チャウケーの発展を可能にしたもうひとつの重要な要因として，政府の役割が挙げられる。小規模工業団地の建設という地方行政の介入が，大型機械の導入と生産の大規模化を後押しした。また，土地の使用権の付与という中央政府の政策転換が，経営者たちの信用市場へのアクセスを容易にした。

　農村工業化における政府の役割の重要性という点では，中国の「郷鎮企業」の発展の例が思い出されるであろう。中国では1980年代以降，「郷鎮企業」を中心に農村工業化が進展したが，その発展には長江デルタ地域の「蘇南モデル」，浙江省の「温州モデル」，珠江デルタ地域の「珠江モデル」という3つのモデルがあった。そのなかの「蘇南モデル」の発展では，「郷」や「村」といった地方の行政単位が企業を集団所有し，政府が土地の提供や機械への投資だけでなく，雇用の斡旋や，技術者の招聘なども行っていた（大島 1993; 厳 1993, 257-264）。一方，「温州モデル」では民間銀行も含めて市場メカニズムをとおした調達が中心となり，「珠江モデル」では外資の動員も行われてきた（厳 1993, 258）。チャウケーの事例では，「蘇南モデル」の発展

ほど直接的に政府が介入してはおらず，その役割は限定的である。おそらく規模に大きな差はあるものの，「温州モデル」に近い発展を遂げてきたと考えられる。

　チャウケーで家内企業が調達先も販売先も多様化させるという取引慣行が定着しているのには，いくつかの理由がある。まず，個々の業者の資金力に限りがあり，特定の業者から大量に仕入れることが困難であることが挙げられる。また，多数の調達先と販売先をもつことで，急な大口注文やキャンセルなどの際の原材料の仕入れリスクや製品の在庫を抱えるリスクにも対処できる。生産の1工程のみを担うことで生産効率を上げるだけでなく，小規模な家内企業同士がその取引を多様化させることで，取引ネットワーク（サプライチェーン）の安定化，頑健化を図っていると解釈できよう。さらに，検査機器や科学的な知識をもたない企業が，多くの仕入先から調達することで，調達する原材料の品質に関するリスクを分散することができる。相互承認のような形の厳密でない規格化は，特定の業者間で製品の品質を確保しようとする試みであるが，製品が低級品市場向けのものであり，最低限の品質が確保されているかぎり差別化する必要がないため可能となる戦略であろう。

　最も工業化が進んでいる専業村チャウケーの未来は，ベトナムの農村工業化全般の未来を占う鏡となる。北原淳は，タイやフィリピンなどの農村工業化の事例から，農村工業の発展が国家の産業の高度化を阻害し，農村の企業が「過剰労働のたまり場」となる可能性を指摘する（北原 1997, 55）。今後ベトナムで市場や政府の「近代化」が進み，低品質製品の需要が縮み製品の規格化が進んだり安全基準が厳格に遵守されたりするようになり，チャウケーの家内企業がそれらに対応できなければ，北原の描く農村工業の姿がチャウケーの未来となるであろう。しかしその一方で，中国の珠江デルタ地域（「蘇南モデル」の発展地域）のように，民間・外資部門の投資の急増により，農村工業が近代工業部門に包摂されてしまう（関 2008）という結果を迎える可能性もあるだろう。農村工業は衰退していくのか近代工業化して発展していくのか，あるいは別の方向に発展を遂げるのか，そしてその要因は何か。

その答えを導くためには，旧来の農村工業化研究のように，農村内部の資源の賦存状況や社会関係のみに目を向けるだけでは不十分である。外部とのつながりのなかで，国家全体の経済・社会発展の急激な変化にいかに対応しているのかをみる必要があるだろう。

〔注〕

(1) 2000年前後の紅河デルタ地域は，全国平均に比べ圧倒的に農地の割合が大きく（58.0％），農村では高い収量の米作（平均単収は1ヘクタール当たり5.5トン。なお，全国平均は4.2トン）が行われていた（GSO various years）。ただし，紅河デルタ農村では一般的に，農家世帯は小規模な農業を営んでおり，2006年のデータでは0.5ヘクタール以下の農地しかもたない農家が全体の97.4％を占めていた（全国平均は68.5％：GSO 2003）。この営農規模の狭小性ゆえに，農家世帯の多くの労働力が非農業経済活動に向かった。

(2) 本章のバクニン省の専業村に関する情報は，2012年にバクニン省計画投資局，工商局から入手した情報による。

(3) 専業村に関するデータが示される際，専業村全体の数と伝統工芸専業村の数を分けて示される場合も多いが，伝統工芸専業村の定義も統一されたものはなく，多くの場合は，各省の定義に従いデータを出している。バクニン省における伝統工芸専業村の定義は，「19世紀初頭以前より存在する工芸品を製造している村」である。

(4) 本書では便宜上，khu công nghiệp を「工業団地」，cụm công nghiệp を「小規模工業団地」と訳している。前者は中央政府により登録され，後者は地方（省）政府により登録されており，まったく別のカテゴリーに属する。つまり，小規模工業団地が大規模化しても，工業団地になるわけではない。マレスキーによれば，中央政府による工業団地建設への認可手続きに時間がかかるため，地方省が「自発的な行動」として建設し始めたのが小規模工業団地である（Malesky 2004, 319）。事実，チャウケーをはじめ，2000年代前半から各地の専業村で小規模工業団地が建設されているが，小規模工業団地の定義や登録・管理の規定ができるのは，2009年の首相決定第105号を待たねばならなかった。

(5) この小規模工業団地は，バクニン省が公布した1998年の省党委員会決議第4号を根拠として建設されたものである。2000年に首相決定第132号により中央レベルで専業村の小規模工業団地建設の奨励という方向性が示される以前から，多くの専業村を抱えるバクニン省は，独自に小規模工業団地建設を行うという政策を示していた（石塚・藤田 2006, 202-203）。

(6) このようなアプローチは関（2005）から着想を得ている。関は，フィリピン・ルソン島の商業伐採跡地の経済構造の変化を住民の生業パターン分析から描き出している。同様に，遠藤（2011）もバンコクのスラム住人に対してそのキャリアを聞き書き，スラムの経済・社会状況の変化を描き出している。これは，社会学の分野で「ライフコース分析」と呼ばれる調査・分析手法である。

(7) ヴー・ホアン・ナムらは，本研究と同じチャウケーの鉄鋼生産業者を対象とした研究で，2000年代前半に多くの家内企業が新たな機械に投資し，転業をしている現象に注目している（Vu Hoang Nam, Sonobe, and Otsuka 2009）。そして，チャウケーの204社の家内企業を対象とした調査により，新たな機械に対する投資（すなわちより大きな利益を生む事業への転業）を行うかどうかの性向には，経営者の教育年数と経験，近親者（兄弟）の存在が決定要因となっていると論じている（Vu Hoang Nam, Sonobe, and Otsuka 2009, 580）。一方，本研究の調査結果では，圧延業者，電炉業者，その他の業種の業者のあいだに就学年数の有意な差異はみられなかった。これが本調査のサンプル数やサンプルの偏りの問題である可能性もあるが，ヴー・ホアン・ナムらの被説明変数が新たな機械への投資額ということが影響している可能性もある。すなわち，導入する機械の種類だけでなくその規模や新品か中古かということにも投資額が影響されている可能性がある。

(8) 銀行借り入れが可能になった要因として，地方政府による借り入れ優遇策の存在が予想され，先行研究（石塚・藤田 2006, 214）でも省人民委員会が資金調達のための優遇措置や基金の存在が指摘されているが，筆者の調査では確認できなかった（表2-3の「資本貸付への支援」の回答はゼロである）。

(9) 調査時のレートで換算すると，3750〜4375ドルとなる。経営が拡大した後は，より多くの金額を銀行から借りている。2014年の聞き取り調査時には，10億ドン以上借り入れを行っている経営者もいた。

第 3 章
鉄鋼専業村の労働者たち

チャウケーの労働者たち。彼らはタイグエン省から来た出稼ぎ労働者たちである。
（2008年1月　筆者撮影）

はじめに

　前章では，チャウケーで鉄鋼生産を行う家内企業の経営者に対する質問票調査の結果から，チャウケーの急速な工業化と，それを可能にした経営者たちの経営戦略を明らかにした。そこでは，機械を導入しつつも労働力とうまく組み合わせて生産性向上を図る生産体制，専業村内外のネットワークを利用した調達・販売，短期間でより高い利益が得られる新たな業種に転業する投資行動，といった諸戦略を見出すことができた。本章では，チャウケーの雇用労働者の側の状況に焦点を当てる。チャウケーの家内企業で雇用されている労働者が，どのようにして職を得てどのような形態・条件下で働いているのか，そして与えられた雇用条件のもとで，労働者たちはどのような戦略で所得の向上や状況の変化への対応を行っているのかを知ることが，本章の目的である。

　2000年代初頭，世銀のエコノミストを筆頭に，ベトナムで大規模家計調査V(H)LSSの結果を計量的に分析する貧困研究が盛んに行われていた頃，専業村の家内企業は，貧困削減に貢献しているとして大いに賞賛されていた。しかし，貧困研究の結論は，家内企業の経営者により利益がもたらされ，雇用労働者たちが浴する貧困削減の恩恵は限定的であるというものであった[1]。同様に，2010年代以降に登場するベトナムの「インフォーマルセクター」研究では，フォーマルな賃金労働者とインフォーマルな賃金労働者のあいだに，そしてインフォーマルな家内企業の経営者と労働者のあいだにも有意な賃金格差があるという結果が示されている[2]。すなわち，これらの貧困研究やインフォーマルセクター研究では，専業村のような農村の家内企業で働く労働者たちの経済的な利益は相対的に低いという結論となっている。

　しかし，これらの研究は，家内企業で働く雇用労働者の賃金のみを評価したものであり，賃金以外の労働環境や雇用機会へのアクセスなどの実態から彼らの労働条件を多角的に明らかにしたものではなかった。また，これらの

研究の多くが依拠する大規模家計調査V(H)LSSは，常住戸籍（後述）の登録地域ではない場所で働く出稼ぎ労働者がサンプルから漏れる傾向にあった(Pincus and Sender 2008)。そのような，サンプルから漏れる労働者たちが数多く働いているのが，専業村の家内企業である。

本章では，これまでの貧困研究やインフォーマルセクター研究で見落とされてきた，家内企業の雇用労働者の労働環境や労働者，経営者の戦略，そしてその背景となる経済・社会的状況を明らかにすることが目的である。それらを丹念にみていくと，雇用労働者たちが必ずしも選択の余地なく低賃金で劣悪な労働条件のもとで働いているわけではないことがわかる。一方，インフォーマルな家内企業の経営者たちも，人的資本レベルの低い労働者を大量投入して低品質品を生産しているだけではなく，労働者の技能の向上を促す制度的工夫も行っている。

写真1：チャウケーの小規模工業団地にて。収集された鉄筋のスクラップ。
（2007年7月　筆者撮影）

本章は，2012年に筆者が実施した，鉄製品の生産を行う家内企業に雇用されている労働者に対する質問票調査の結果を分析したものである。質問票調査に加え，継続的に実施してきた労働者と経営者，そして人民委員会幹部への聞き取りにより定性的な情報を補足している。

第1節　調査対象労働者の実態

1．労働者のプロフィール

　質問票調査では，チャウケーで協力を得られた19の家内企業（企業3，個人基礎16）における調査時点でのすべての労働者である230人の労働者から回答を得た。その内訳は，表3-1のとおりである。事業所内のすべての賃金雇用労働者を対象とし，工場で働くワーカーのみならず，事務職（マネージャー，経理）や家事労働者，清掃夫，運転手など（本章では「雑業種」と称する）をサンプルに含んでいる。これは，職種に限らず専業村の労働市場の現状を幅広くとらえ，たとえば雇用慣行や求職行動において職種ごとの差異の有無をみることなども目的としているためである。また，ワーカーのなかには見習い工も含まれている（見習い工については後述）。本調査では区別できなかったが，ワーカーと類別されている労働者には，技能労働者（thợ）と単純労働者があり，技能労働者のなかにも，ビレット鋳造，圧延，伸鉄，鉄板切断などさまざまな専門業種がある。

　事業所における平均の就業年数は5.4年である。調査サンプルのなかには最長で20年働いている労働者がいるものの，今日のチャウケーの発展の初期段階から働き続けている労働者は少数であり，鉄鉱専業村としての発展にともない，次々と新たな労働者が参入していることが示唆される。就学歴をみると，中学校卒（就学年数9年あるいは7年）が最も多く，148人（64％）を占める[3]。中学校卒以下（年齢の高い労働者のなかには，小学校卒あるいは中退，

表3-1 調査対象労働者概要

サンプル数：230人（男188人，女42人）
事業所数：19（雇用者数平均：12.1人）
既婚者：120人
業種：ワーカー197人（うち見習い工10人）
　　　事務職20人（マネージャー，経理，秘書など）
　　　雑業種13人（家事労働者，清掃夫，運転手など）
出身地域：出稼ぎ・移住労働者：130人
　　　　　近隣地域出身（通勤）者：100人

	ワーカー	事務職	雑業種	全体
年齢（歳）				
平均	34.6	34.3	32.3	35.5
標準偏差	9.1	9.5	10.0	9.2
最大値	51	51	47	21
最小値	20	22	20	52
就学年数（年）				
平均	7.9	7.3	7.4	7.8
標準偏差	2.7	4.0	3.2	2.9
最大値	12	12	9	12
最小値	0	0	0	0
就業年数（年）				
平均	5.2	7.6	5.1	5.4
標準偏差	3.7	4.7	2.5	3.8
最大値	20	18	9	20
最小値	1	1	1	1
月収（百万ドン）				
平均	3.93	6.60	2.77	4.10
標準偏差	1.47	1.61	0.63	1.66
最大値	7.50	10.00	4.00	10.00
最小値	1.50	3.50	2.00	1.50

（出所）質問票調査結果より筆者作成。

中学校中退の者もいる）とくくると，その数は207人（90％）に上る。技術・技能を職業訓練あるいは職業教育を行う学校から身につけた者は少数であり，職業訓練をまったく受けていない，あるいは職場で仕事をしながら技能を身につけたと回答した者は137人に上る。地方行政（省，県）がもつ職業訓練

センターで訓練を受けた労働者は47人，中等職業教育学校卒業者が30人おり，高等教育機関（専門学校）が提供する訓練コースを受講した労働者も16人いる。前章の2007～2008年調査では，職業訓練を受けた経営者や労働者は1人のみであったが，この2012年の調査では若干ではあるが増加している。

２．流入する出稼ぎ労働者

調査対象者のなかでは遠隔地域出身の労働者の方が多く，その数は230人中130人となっている。そのうち，チャウケーや隣接するハノイ市ドンアイン（Đông Anh）県に家族と移住している，あるいは独身で経済的に独立して定住している労働者を「移住労働者」とすると，その数は9人しかおらず，残りの121人は，家族と離れて単身で暮らす「出稼ぎ労働者」である。

出稼ぎおよび移住労働者の出身地で最も多いのは，タイグエン省である（93人）。タイグエン省はバクニン省の北に位置し，チャウケーから省都のタイグエン市まで70キロメートルほどの距離である。ただし，タイグエン市よりさらに遠い農村からの出稼ぎ労働者も多い。チャウケーから300キロメートル以上離れた北西部のソンラ省，中部のゲアン省，ハティン省からの労働者もちょうど8人ずついる[4]。一方，調査対象者のうち100人はチャウケーあるいは近隣農村の出身者であり，ドンアイン県の者が多い（91人）。ドンアイン県はハノイのなかでも農業生産が多い地域であり，県内24の社レベルの行政単位のうち23が「社」，すなわち農村扱いの行政単位である（調査時点）。つまり，近隣から通ってくる労働者，遠隔地からの出稼ぎ・移住労働者ともに，そのほとんどは農村出身者である。行政単位として都市に属する地域の出身者は，タイグエン市からの出稼ぎ労働者9人のみであった。

出稼ぎ労働者にとって，出身地との経済的，社会的なつながりを維持することは重要である。出稼ぎ労働者は頻繁に帰郷しており，そのなかで最も多かった回答は，月に一度，給料が出たときに帰郷するというものであった（121人中49人）。距離的に近いタイグエン省からの出稼ぎ労働者のなかには，

毎週末帰郷している者も多い（18人）。聞き取り調査の範囲内では，農繁期には必ず帰郷するという労働者が多かった。

第2節　雇用機会

1．社会ネットワークをとおした雇用機会の獲得

では，労働者たちは，どのようにしてチャウケーで仕事をみつけるのであろうか。表3-2は，「現在の仕事をどのようにして得たか」という質問に対する回答である。労働者たちのほとんどは，家族や親類あるいは知人・友人からの紹介で仕事を得ており，回答数としては，家族・親類をとおして今の仕事をみつけた者よりも知人・友人をとおしてみつけた者の方が多かった。チャウケーの家内企業で職を得た労働者が，その友人・知人を同じ職場や近くの家内企業に紹介するというパターンが一般的である。チャウケー坊およびトゥーソン市社には職業紹介センターがあるが，職業紹介センターを介して職を得たと回答した労働者は1人もいなかった。友人・知人から幅広い情報を獲得しながら，農村から出てきた者は未知の土地で仕事を探し，チャウ

表3-2　現在の仕事をどのようにして得たか（回答数）

この事業所で働いている知人・友人の紹介	82
この事業所で働いている家族・親類の紹介	26
チャウケーに住む知人・友人の紹介	53
チャウケーに住む家族・親類の紹介	51
広告をみて応募	7
故郷に住む知人・友人の紹介	6
チャウケー人民委員会からの紹介	3
故郷に住む家族・親類の紹介	2
職業紹介センターからの斡旋	0

（出所）　質問票調査結果より筆者作成。

ケーにすでに住んでいる者はさらによい条件の仕事を探している。

ただし，新たにチャウケーにやってきて技能労働者としての職を得ようという者は，家族・親類，友人・知人に紹介されても，すぐに職が得られるわけではない。ほとんどの家内企業は新規参入者に対して無給の見習い期間を設けている。見習い期間は，職種にもよるが，通常は半年から1年程度の幅がある。

実際に働いている労働者や近隣の家内企業で働く労働者（あるいはその経営者）の紹介による就労機会獲得が主流となると，同じ事業所に同郷出身の労働者が集まるという状況になることが予想される。しかし，ひとつの事業所に同じ出身地の労働者だけが雇用されているケースは少なかった。表3-3

表3-3 事業所別労働者数

単位：人

	事業所名	労働者数	近隣出身労働者 （出身社数）	出稼ぎ・移住労働者 （出身県数）
1	企業（有限会社）A	16	15 (6)	1 (1)
2	企業（有限会社）B	11	3 (1)	8 (5)
3	企業（有限会社）C	9	6 (4)	3 (2)
4	個人基礎 a	20	9 (2)	11 (6)
5	個人基礎 b	17	12 (2)	5 (5)
6	個人基礎 c	16	14 (3)	2 (1)
7	個人基礎 d	16	8 (3)	8 (6)
8	個人基礎 e	16	5 (2)	11 (8)
9	個人基礎 f	15	2 (2)	13 (7)
10	個人基礎 g	14	1 (1)	13 (3)
11	個人基礎 h	13	2 (1)	11 (3)
12	個人基礎 i	12	0 (0)	12 (4)
13	個人基礎 j	10	2 (1)	8 (2)
14	個人基礎 k	9	8 (2)	1 (1)
15	個人基礎 l	9	1 (1)	8 (4)
16	個人基礎 m	8	3 (2)	5 (3)
17	個人基礎 n	7	7 (1)	0 (0)
18	個人基礎 o	7	1 (1)	6 (3)
19	個人基礎 p	5	1 (1)	4 (2)

（出所）質問票調査結果より筆者作成。

は，調査対象となった19の事業所ごとの労働者数とその出身地域（近隣出身者は社，出稼ぎ・移住労働者は県が単位）の数である。小規模な個人基礎1カ所を除き，ひとつの出身地のみから労働者を雇用している事業所はなく，また，近隣農村出身者のみを雇用する，あるいは出稼ぎ・移住労働者のみを雇用している事業所も2カ所しかない。出稼ぎ・移住労働者の場合は捕捉できた情報が県の単位までであり，社や村レベルを単位としてみれば，この表の数字以上に出身地は多方面にわたることは間違いない。

　複数の出身地から労働者を雇用することは，労働者の数や質を確保するうえで，リスクを回避するための経営者の方策であろうと考えられる。一方，労働者たちにとっても，複数の出身地の労働者といっしょに働くことで，職場で自らがもつ近親者や同郷の友人・知人のネットワーク以外の「弱い紐帯」をもつ機会を得ることになる[5]。そのことによりさらに，他の事業所の労働条件や就業機会に関する情報を得ることができると考えられる。

2．常住戸籍の問題

　少なくとも，チャウケーで調査を行った2010年代初めにはすでに，労働者はハノイやホーチミンといった都市部へも，バクニン省の農村部へも，原則的には自由に職を求めて移動する権利は保証されていた。ただし，ベトナム独自の戸籍制度の存在ゆえに，労働者の移動は実態としてはある程度の制約をともなっている。

　ベトナム国民は，常住戸籍（hộ khẩu thường trú，または略してhộ khẩu）の登録が義務づけられており，常住戸籍登録をしている地域でなければ土地・住居の購入，金融アクセスや子弟の教育，社会保障の受給に制約を受ける。ドイモイ開始以降も，しばらくはこの常住戸籍の移動が厳しく制限されていた。そのため居住地を移動することは原則的には困難であり，移動したい場合は常住戸籍を移動せず違法な形で居住地を移動するしかなかった。しかし，1997年の政府議定第51号公布以降は，原則的には一定の資格要件を満たせば

常住戸籍の移動（すなわち合法的な人の移動）が可能になった。さらに，2005年の政府議定第108号および2006年12月の住居法の公布により，その資格要件が緩和され，居住法では「一時居住」のカテゴリーも設けられた（下村ほか 2009; 貴志 2011）。しかし，住居の要件など一部の要件には満たすことが困難なものもあったため，実質的には常住戸籍の移動は困難で，さらに一時居住者には常住戸籍登録者と同様の権利が得られないため，制度の変更後も戸籍制度は国内の労働移動を制限しているとの指摘がある（Hardy 2001; Le Bach Duong, Tran Giang Linh, and Nguyen Thi Phuong Thao 2011）。

調査では，常住戸籍のステータスに関する質問も行った。ベトナムの戸籍制度では，常住戸籍登録がKT1〜KT4という4つのカテゴリーに分けられている。KT1は現在の居住地で常住戸籍登録をしている場合（移住者も含む），KT2は常住戸籍登録をしている省内で他の県・市に居住している場合の登録である。そしてKT3とKT4が省外での一時的な居住登録である。KT3は6〜12カ月の居住の登録であり，KT4はそれより短い居住者のためのカテゴリーである。子弟の教育や土地，住居の購入などに制約があるのは，おもにKT3とKT4の登録者である。

表3-4は，調査対象の労働者の常住戸籍のステータスごとの人数を示したものである。移住労働者で移住にともないチャウケーでKT1を取得した1人を除けば，残りのKT1のステータスの労働者は近隣の地域から通勤している労働者たちに限られる。KT2のステータスの労働者はバクニン省の他の地域出身者である。この表からわかるとおり，出稼ぎ・移住労働者のほとんどはチャウケーで一時的な居住というステータスである（KT3，KT4）か，あるいはチャウケー社に常住戸籍の移動を行わず，違法状態で居住している。

表3-4　労働者の常住戸籍ステータス

単位：人

	合計	KT1	KT2	KT3	KT4	移動せず
労働者全体	230	91	13	48	45	33
出稼ぎ・移住労働者	130	1	5	47	44	33

（出所）　質問票調査結果より筆者作成。

常住戸籍を移動しない者や短期の一時的居住登録を行う者が多いという事実は，常住戸籍にともなう制約が職業選択の決定に際してあまり大きな問題とはなっていないことを示唆している。家族を出身の村に残して単身で出稼ぎに来る場合には，また，頻繁に転職を行う労働者にとっては，現在でもなお煩雑な手続きをともなう常住戸籍の移動を行うメリットは少ないであろう。

第3節　労働環境・雇用条件

1．賃金とその決定要因

　チャウケーの労働者の賃金は概して高い。全体の平均賃金は月410万ドンであり，調査対象の労働者の大半を占めるワーカー（187人。見習い工を除く）の平均賃金は402万ドンである。これは，労働傷病兵社会省が報告した2010年の全国の単純労働者の平均賃金159万ドン，技能労働者の平均賃金263万ドンを大きく上回る金額である（Viện Khoa Học Lao Động và Xã Hội 2012, 32-33）。また，2011年8〜9月時点のハノイの日系企業に勤務するワーカーの賃金348万ドンをも上回る（JETRO『第22回アジア・オセアニア主要都市・地域の投資関連コスト比較』）[6]。

　ただし，チャウケーのワーカーたちの高い賃金は，劣悪な労働環境のもとで働くことで得られる対価でもある。工場内の空気は汚染物質を含んだ煙や煤で満たされ，炉や機械類を扱う作業は危険をともなうが，概して労働安全に対する意識は雇用者，労働者ともに低い（安全靴やヘルメットをみることは稀である）。さらに，電炉による溶融作業は電気料金の低い夜の時間帯に行われるため，電炉業者の労働者は常に夜間勤務である。ほとんどの労働者は正式な長期労働契約を結んでいないため，事故が起こっても公式には何の補償も得られない。

　つぎに，労働者の賃金の決定要因についてみてみる。まず職業別の差異は

明白である（第1節表3-1参照）。事務職，ワーカー（見習い工を除く），雑業種の順に高く，平均の月額賃金はそれぞれ660万ドン，393万ドン，277万ドンであった。ホワイトカラーや専門職の賃金が高いのは，ベトナムの労働市場一般と比べても，特異な現象とはいえないだろう。

つぎに個人の属性と賃金の関係をみる。ここでは年齢や性別，就学年数，職業訓練の有無，経験，といった個人の人的資本レベルを表す属性の賃金への影響をみると，職業訓練の有無と経験年数は賃金に影響を及ぼすが，年齢や就学年数と賃金とのあいだには相関がないという結果が得られた[7]。経験年数が長いと賃金が高くなる一方で年齢や就学年数と賃金に相関がないという一見矛盾した現象は，多くのワーカーが出来高払いの契約を結んでいること，経験を積んだ労働者には生産管理の役割も与えられることなどが関係している（後述）。また，出稼ぎ・移住労働者は，チャウケーあるいは近隣の農村から通ってくる労働者より賃金が高いという結果となった[8]。

2．生産性向上のための雇用慣行

調査対象の労働者のなかで，経営者が正式な長期雇用契約（3カ月以上）を結び社会保障スキームに加入していると回答したのは55人（24％）にすぎない。調査対象の家内企業で，企業登録している3社はすべて，労働者と長期雇用契約を結んでいた（ただし，うち1社は半数の労働者としか長期雇用契約を結んでいない）。個人基礎のなかでは，2業者だけが（すべての労働者とではないが）長期雇用契約を結んでいる。残りの個人基礎はすべて，労働者と長期雇用契約を結んでいなかった。

しかし，労働者への聞き取りからは，長期雇用契約を結んでいない労働者が不利益をこうむっているという意識は感じられない。労働者は所得税と（労働者負担分の）社会保障費を支払っておらず，農繁期や家族にトラブルがあった場合に休暇をとったり（出稼ぎ労働者の場合は帰郷したり），よい条件の仕事がみつかればすぐに転職したりといったことがフレキシブルに行える

メリットがあると彼らはいう[9]。

　単純労働（清掃，運搬など）やマネージャー，経理などの労働者は労働日数・時間単位の賃金である一方で，ワーカーのなかでも，技能労働者の多くは，製造量，作業量に応じた出来高払いで賃金を得る。先述したように，ビレット生産の場合は，同じ労働時間で同じ量の鉄スクラップからビレットを鋳造しても，労働者の技術のちがいにより，ビレットの生産量が異なるため，出来高払いの方が，経営者にとっても労働者にとっても合理的である。出来高払いは，技術の高い労働者や長時間働ける体力のある者にとっては，高い賃金を得られる仕組みである。ただし，旧正月や農繁期に休暇をとっているあいだの賃金は支払われないというデメリットもある。また，出来高払いの賃金は，景気や需要の変動といった外部要因にも左右される。雇用者側にとっては，出来高払いの慣行は，在庫調整，支出調整のためにも都合がよい。注文や原料調達の変動には，労働者への仕事の供給の増減で対応しており，通年で常に一定量の生産をしているわけではない。

　チャウケーの家内企業におけるもうひとつの特徴的な慣行は，グループへの企業内作業委託とグループ単位のパフォーマンスの評価である。経営者は機械，施設と材料を提供して，複数のグループに生産を依託するという形態をとっている。調査対象の家内企業では3〜15人の技能労働者からなるグループがあり，グループには班長（tổ trưởng：直訳すると「組長」となるが，企業組織の役職としては「班長」の方が適していると考え，「班長」と訳すこととする）がいる。班長の指揮のもと作業が行われ，自身のグループの技能労働者の訓練は班長が責任を負う。労働者が離職した場合には班長がリクルートも行う。筆者が聞き取りをした家内企業の一部では，給料が一括して班長に支払われ，班長が自身のグループの労働者の給料を差配しているところもあった。

　このような責任があるため，班長の賃金は他の技能労働者より高くなっている。表3-5は，班長とそれ以外の労働者（ワーカー）との賃金のちがいを示したものである。班長は平均賃金も経験年数も班長以外と比較して高いこ

とがわかる。一方で，年齢や就学年数に大きな差はない。賃金が就学年数や年齢ではなく経験年数と相関があったのは，この班長の存在によるものである。班長に生産管理の責任ももたせ，その一方で，管理のためのインセンティブをもたせた賃金が支払われていると考えられる。

賃金以外に，労働者たちへの食事が提供されるのが一般的である（調査対象のなかで食事の提供を受けていない者は11人のみ）。3食が提供されるケース，夕食のみの提供のケース，食事代が給料から天引きされるケース，食事代込みの賃金が提供されるケースと，条件はさまざまである。また，出稼ぎ労働者への宿泊費は支払われないが，事業所内での宿泊を認めているケースが多

表3-5　班長とそれ以外のワーカーの賃金と属性

		班長	その他
サンプル数		24	173
平均月収（百万ドン）	平均	6.04**	3.64
	標準偏差	0.93	1.28
	最大値	7.5	7.5
	最小値	4.0	1.5
年齢（歳）	平均	36.2	34.4
	標準偏差	8.5	9.2
	最大値	50	51
	最小値	21	20
現在の事業所で働いている年数（年）	平均	7.9*	3.7
	標準偏差	4.0	3.3
	最大値	16	19
	最小値	2	0
就学年数（年）	平均	8.7	7.8
	標準偏差	2.6	2.7
	最大値	12	12
	最小値	3	0

（出所）　質問票調査結果より筆者作成。
（注）　＊は5％水準で，＊＊は1％水準で有意差があることを示す。

い。マネージャーや経理，家事労働者などは部屋を与えられている場合もあるが，ワーカーたちは工場内に設けられた寝室（窓もない小部屋の場合が多い）で寝泊まりしている。調査対象の出稼ぎ労働者の半数以上，77人が工場内で宿泊している。それ以外の労働者の多くも，近隣の簡易宿泊施設（nhà trọ）に宿泊している。

小括

本章では，チャウケーでどのような労働者がどのような環境や条件で働いているのかに注目した。調査の結果からみえてくるのは，短期間でできるだけ高い収入を得るために，過酷な労働条件もいとわず働く農村出身の労働者

写真2：工場内にある休憩室。窓もない小部屋で出稼ぎ労働者たちは寝泊りしている。
（2014年8月　筆者撮影）

たちの姿である。しかし，彼らが奴隷的な労働を強いられているというわけではない。彼らの能力を生かし，出身農村との経済的・社会的なつながりも維持するという彼らの生計維持戦略に合致した働き方として，劣悪な条件と引き換えの出来高払いの高賃金を戦略的に選択しているといえる。彼らは統計上「非熟練労働者」でくくられる存在であるが，実は電炉や圧延機を扱い生産性を上げるための技能が必要な労働者たちであり，その技能には経験に基づく優劣がある。

　この調査では転職に関する質問を行えなかったため定量的にはとらえられなかったが，彼ら，とくに班長以外の就労期間は短く，頻繁に転職している。彼らは近親者や友人・知人だけでなく，同じ職場で働く他の地域の出身者も含めた多層的な社会ネットワークをとおして，より条件のよい仕事を常に探している。

　転職が多いということは，裏を返せば不安定な労働条件ということでもあり，彼らは社会保障費も支払っていないため，事故や病気の際の補償もないなかで働いている。多くの労働者が定期的に帰郷するのは，出身農村との経済的・社会的なつながりを維持していることを意味している。それは，失業や所得低下，不慮の事故，病気などのリスクへの備えという側面もあると考えられる。また，専業村の家内企業での労働では，農繁期に休暇をとる（あるいは農繁期にいったん仕事をやめて農繁期明けに新たな仕事をみつける場合もあるという）ことができ，農業を維持しながら働くことが可能である。

　一方，経営者側の雇用に関する戦略性に目を転じてみれば，出来高払いとグループへの企業内作業委託，班長の生産管理の役割など，個人の労働意欲に対するインセンティブを付加する雇用慣行が特徴的である。このような雇用慣行は，機械導入と大規模化が進んだ企業でも変わらず存在する。また，見習い制度で労働者の技能を向上させるコストも事業者側が支払っている。

　同様の雇用慣行は，戦前の日本の製造業でも観察されていた。清川雪彦による戦前の長野県の製糸工場の労働管理の研究によれば，出来高払いによる労働インセンティブ付与，企業内での技術教育，寮の提供といった雇用慣行

が労働者，とくに農村出身の女性の労働者の労働生産性を向上させ，彼女らを「規律ある労働者」（disciplined labor）に変えたとしている（Kiyokawa 1991, 68）。

本章の研究では，チャウケーの労働者の労働生産性を直接計測するような調査を行ってはいないが，チャウケーの家内企業の経営者たちは，ただ低賃金の労働力を大量に投入して生産を行うばかりではなく，このような雇用慣行をとおして労働者の生産性を向上させる努力をしていたと考えられる。

〔注〕
(1) ベトナムの家内企業の経営者が所得向上したという研究結果がある一方で，少なくとも1990年代は，家内企業による雇用創出効果は限定的であったと結論づける研究もある。Vijverberg（1998）は，家内企業の規模は小さく（1992～1993年調査時で平均の雇用者数は1.82人），さらにその多くが家族労働に頼っているとした（1人以上の賃金労働者を雇っているのは6.9％のみ）（Vijverberg 1998, 154）。また，Oostendrop et al.（2009）は，1992～1993年から1998年調査のあいだに上昇した家内企業による雇用者数の増加率が，2002年調査結果では減少していることを指摘している。
(2) グエン・ヒウ・チらによる，VHLSS2002年，2004年，2006年調査のデータの分析によれば，まず，フォーマルセクターとインフォーマルセクターの労働者の賃金のあいだには平均で25％の差があるが，インフォーマルセクターの経営者はフォーマルセクターの賃金労働者よりも賃金（所得）がさらに6％高いという結果となった（Nguyen Huu Chi, Nordman, and Roubaud 2013）。
(3) ベトナムの学制は，1981年から初等教育（小学校），前期中等教育（中学校）の実施期間はそれぞれ5年間，4年間となったが，それ以前は，初等教育が4年間，前期中等教育は3年間であった（Pham Minh Hac 1998, 19）。
(4) 調査対象者の出身省の内訳は，タイグエン省93人，ハノイ市（ドンアイン県）91人，バクニン省10人，ソンラ省8人，ゲアン省8人，ハティン省8人，ハイズオン省6人，バクザン省2人，ヴィンフック省2人，ナムディン省1人，トゥエンクアン省1人である。
(5) 1970年代に，アメリカの社会学者マーク・グラノヴェッターは，求職行動における「弱い紐帯の強さ」という議論を提示している。グラノヴェッターは，知人を通じて仕事をみつけ転職をした専門職，技術職，管理職の労働者に対し，どの程度つながりの強い相手から転職先の情報を得たかを調査した。その結果，16.7％の回答者のみが「頻繁に会う」関係の知人から情報を得たと

回答したのに対し,「ときどき会う」「ほとんど会わない」関係の知人からという回答はそれぞれ55.6%, 27.8%であったという (Granovetter 1973, 1371)。グラノヴェッターは,「弱い紐帯」は個人の社会移動の機会をもたらす重要な資源であると同時に, ふたつの異なる社会間を橋渡し (link) する役割を果たしていると論じている。

(6) この賃金は, 正確には企業側が払う労働コストを意味し, 基本給以外の諸手当, 社会保障費, 残業手当, 賞与などを含んでいる。労働者の手取りはこれよりも少なくなるはずであり, いずれにせよチャウケーの労働者の平均賃金の方が高い (https://www.jetro.go.jp/ext_images/jfile/report/07000952/62958cc730b330b930c88abf67fb-20115e745ea6-rev.121012.pdf, 2016年12月閲覧)。

(7) 賃金の決定要因を教育年数や経験の長さに求める, いわゆるミンサー型の賃金関数を想定し, 月額賃金 W を被説明変数, 就学年数 EDU および就学年数の2乗, 就労年数 (PERIOD) および就労年数の2乗, 職業訓練の有無 (TRAIN)(トレーニングを受けたことがある=1とするダミー変数)を説明変数として, さらに労働者の職業の選好に影響があると考えられる属性と職種を「その他の属性 (OTHER)」変数 (年齢, 性別, 出稼ぎか否か, 職業)を加え, 賃金関数を, 以下のようにあらわす (α, β, γ, は定数項, ε は誤差項)。

$$\log W = \alpha + \beta_1 \text{EDU} + \beta_2 \text{EDU}^2 + \beta_3 \text{PERIOD} + \beta_4 \text{PERIOD}^2 + \beta_5 \text{TRAIN} + \gamma \text{OTHER} + \varepsilon$$

推計結果は以下の表のとおりである。

	相関係数 （t 値）	
就学年数	-0.027　(-1.89)	-0.022　(-1.51)
就学年数2乗	0.002　(1.99)*	0.002　(1.46)
勤続年数	0.051　(5.85)***	0.053　(6.58)***
勤続年数2乗	-0.002　(-3.13)***	-0.002　(-3.76)***
職業訓練の有無（有＝1）	0.036　(1.56)	0.045　(2.11)*
年齢		-0.003　(-0.30)
年齢2乗		0.000　(0.13)
性別（男性＝1）		-0.008　(-0.31)
出稼ぎダミー（出稼ぎ＝1）		0.076　(3.93)***
事務職ダミー（事務職＝1）		0.179　(5.13)***
雑業種ダミー（雑業種＝1）		-0.169　(-3.97)***
cons	0.421　(8.66)***	0.457　(2.91)**
	N＝230	N＝230
	修正R2乗値＝0.2828	修正R2乗値＝0.4246

（出所）質問票調査結果より筆者作成。
（注）＊は5％水準，＊＊は1％水準，＊＊＊は0.1％水準でそれぞれ有意であることを示す。

　この推計結果によれば，年齢や就学年数と賃金のあいだには相関はみられなかった。勤続年数については0.1％水準で有意な相関がみられた。訓練を受けた経験の有無と賃金のあいだには，5％水準であるが有意な相関がみられた。

(8) 近隣農村から通っている労働者と出稼ぎ・移住労働者とのあいだに年齢，勤続年数，就学年数，職業訓練の有無，職種のいずれの変数においても有意な差はなく，偶然サンプルが偏った可能性がある。

(9) ベトナム社会保険は2006年の社会保険法公布により2007年に始まった新しい制度であるが，退職年金，死亡手当，疾病手当，妊娠・出産手当，労働災害・職業病手当を含む包括的な保険制度である（http://bhxhtphcm.gov.vn/bao-hiem-xa-hoi/bao-hiem-xa-hoi-bat-buoc/24/doi-tuong-dong--muc-dong--ty-le-dong/，ホーチミン市社会保険ホームページ。2015年12月閲覧）。本章執筆時点の社会保険料率（強制加入分）は被雇用者の税込基本給与額の26％（雇用者が18％，被雇用者が8％負担）であった。これに医療保険料率4.5％（雇用者3％，労働者1.5％負担）が加わる。さらに，12カ月以上の長期契約の場合は失業保険料率2％（雇用者，労働者1％ずつ負担）が加わる。すなわち，長期雇用契約を結ぶと，雇用者は賃金以外に基本給与額の22％を支払わねばならず，労働者も賃金から所得税に加えて基本給与額の10.5％が引かれることになる。

社会保険料率は2014年改正社会保険法（58/2014/QH13），失業保険料率は2013年雇用法（38/2013/QH13），医療保険料率は2014年改正医療保険法（46/2014/QH13）が根拠となっている。

　なお，2014年の社会保険法の改正により，1カ月の雇用契約から（雇用者も社会保険料を支払う強制型の）社会保険への加入が可能となった（施行は2016年1月1日から）。

第4章

螺鈿細工村の「伝統」の変化

螺鈿細工が施された屏風。

(2008年9月　筆者撮影)

はじめに

　本章と次章では，伝統工芸専業村に関する調査結果を示す。本章が取り上げるのはハノイ南部の旧ハタイ省，ハノイの中心部からから約35キロメートル南に位置するフースエン（Phú Xuyên）県チュエンミー（Chuyên Mỹ）である[1]。チュエンミーは，伝統的な「螺鈿細工」の専業村として有名である。螺鈿細工とは，貝殻の真珠層を切り出し家具や小物の彫刻部分に嵌め込む，ベトナム紅河デルタ地域の伝統工芸である。螺鈿細工が施された家具や調度品は，ベトナムでは高級品と認識されている。チュエンミーには国家によって「芸術家」（nghệ nhân）と認定された螺鈿細工職人が2015年時点で11人おり，チュエンミーでつくられる螺鈿細工の歴史的，文化的，芸術的な価値は非常に高く評価されている。

　しかし，チュエンミーでつくられるものすべてが芸術的な「作品」というわけではなく，その多くは比較的高価なものとはいえ日用品として職人の手によって生産・販売されるものである。そのため，その「伝統」は市場や利益がなければ継承していくことができない。そして市場や収益構造は，市場価値や原材料費，労働力，流通構造など，専業村内外の経済・社会的変化に左右される。伝統を継承するためには，伝統的な生産手法や製品の質を守りつつも，さまざまな変化に対応する経営努力が必要となる。

　本章が注目するのは，専業村内外の経済・社会的変化に対応するためにチュエンミーの住民たちが利用する，社会的なネットワークである。ドイモイ初期には情報インフラが整っておらず，また螺鈿細工が特殊な製品であるがゆえに，チュエンミーの住民たちは新たな市場機会や技術，材料や機械に関する情報を，社会的な「つながり」をとおして獲得してきた。そしてチュエンミーの螺鈿細工が産業として発展していく過程で，個々のつながりの数が多くなり，村の外の個人やコミュニティへとつながりの地理的範囲が拡大し，複雑なネットワークに成長した。そのようなネットワークをとおして得られ

たさまざまな情報が，経済・社会変化への対応に生かされ，チュエンミーの「伝統産業」の発展に役立ったと考えられる。

　旧来の東南アジア農村研究では，農村社会が二者間関係の連続の「ルースな」システム（Embree 1950）か，組織的な構造をもったタイトなシステムかがひとつの論点であった（重富 1996）。しかし，二者間の個々のつながりの連続は，集合体としては，ネットワークという，そこに参加している者全体の意思や行動に影響する組織的な構造物となっているという点は見落とされてきた。つまり，二者間関係の連続は，必ずしも組織と対極の概念とは限らない。

　個々のつながりの連続からなるネットワークの重要性を理論的に理解するためには，「社会ネットワーク分析」（social network analysis: SNA）が分析枠組みとして役に立つ。SNA は，人（社会的単位）を点で，人と人との関係を線で表し，そのネットワークの形状に注目するものであるが，ネットワークの形状の変化がなぜ重要かといえば，それが情報伝達の効率を高めるからである[2]。また，近年では社会ネットワークの変化についての動学的な研究も盛んに行われるようになってきた。

　ネットワークの変化が起こる，たとえば近隣者同士が密につながっているコミュニティで，そのうちの1人がコミュニティの外の誰かと新たなつながりをもつと，新たにつながったその構成員の二者間だけでなく，コミュニティ内の既存のつながりをとおして，ふたつのコミュニティの構成員全体に情報が効率的に伝わるようになる。これは「スモールワールド性」（「小さな世界」）をもったネットワークと呼ばれている[3]。さらに，そのような新たなつながりの形成や「つなぎ替え」（たとえば取引先を替える）が繰り返される，あるいはネットワークへの参加者が増えると，多くのつながりをもつ「ハブ」が形成され，さらに効率的に情報が伝達される状況が生まれる場合もある[4]。

　ただし，チュエンミーの内外でどのようなネットワークが形成され，どのように変化したか，そのネットワークは「スモールワールド性」をもつのか，

情報伝達効率はどの程度向上したのか,といった事柄を定量的に検証することは非常に困難である[5]。本研究では,SNA の理論を,専業村の発展における社会的なつながりが果たす重要性を理解するための枠組みとしてとらえ,現実を解釈することにとどめる。実際の調査では,材料の入手や製品の販売における取引相手や,新たな技術,機械の入手先などの情報を収集し,彼らとの関係や地理的な分布の傾向を分析した。

本章ではまず,チュエンミーの螺鈿細工の発展史を先行文献と聞き取りの結果から得られた情報を元に紹介し,その後,筆者が2013年に実施した質問票調査の結果と2011年から2014年にかけて不定期に訪問し実施してきた聞き取り調査の結果を示す。螺鈿細工の製造にかかる労働と技術的な側面や材料の調達と製品の販売のチャネルをみていくことにより,チュエンミーの螺鈿細工の市場開拓・拡大の様子を示す。

なお,チュエンミーの家内企業は,専門の工房をもたず家屋内で作業している小規模なものが多いため,本章では,家内企業の単位を「戸」と呼ぶこととする。また,調査では,螺鈿細工を行う経営体という側面だけでなく,社会単位としての世帯・家族の状況についても質問している。そのため,本章では,調査対象を示す言葉として「家内企業」という記述と「世帯」という記述が混在している。

第1節　チュエンミーの螺鈿細工発展史

1. 伝統工芸の起源からドイモイ開始まで

紅河デルタ地域における螺鈿細工は1000年以上の伝統をもち,その起源は現在のチュエンミー社にあったゴハ(Ngọ Hạ)村(現在は,ゴ [Ngọ] 村とハ [Hạ] 村に分割されている)とされている。螺鈿細工は中国からベトナムに持ち込まれ,チュエンミーの住民の話では,5世紀にはお盆などに螺鈿細工を

施す伝統工芸がすでにあったという。ただし，文献資料は残されていない。

　記録されている歴史のなかでは，現在のチュエンミーに螺鈿細工が根付くのは18世紀後半とされている。1771年に中部で始まった「タイソンの乱」と呼ばれる内乱を避けて現在のタインホア省から逃れてきた職人グエン・キム（Nguyễn Kim）が，当時ゴハ村から名前を変えたチュオンゴ（Chuôn Ngọ）村の村民に螺鈿細工の技術を教えたといわれている[6]。その後，フランス植民地期以前から，チュオンゴ村からの移住者がタンロン（現在のハノイ）の旧市街ハンカイ（Hàng Khay）通りに集住し，螺鈿細工の製品（おもに漆器の茶碗やお盆，宝石箱などの小物，螺鈿の絵画など）を売るようになり，ハンカイ通りは螺鈿細工通りとして有名になる（Fanchette and Stedman 2010, 233）。

　その後の計画経済時代には，チュエンミーにはゴハ合作社という小手工業合作社が1社あったものの，螺鈿細工はおもに農家の世帯単位で細々と続けられていた。螺鈿細工は，東ヨーロッパにも輸出されていたが，1980年代後半にはベトナム国内や輸出先である東ヨーロッパの経済の混乱により，ぜいたく品である螺鈿細工の市場が縮小し，チュエンミーの螺鈿細工は衰退していく。また，この頃には，材料となる貝殻が入手困難になっていたという。

2．螺鈿細工産業の「復活」

　チュエンミーの螺鈿細工が本格的に「復活」したのは，1980年代末頃であった。この頃から木工家具の専業村であるバクニン省ドンキ（Đồng Kỵ）の商人たちが国内や中国で螺鈿細工の施された家具の市場を開拓し，ドンキの木工家具生産とチュエンミーの螺鈿細工の協同・分業体制が形成され，螺鈿細工の需要が拡大していく（第5章で詳述）。チュエンミーの職人たちは，ホーチミンやフエ，ハノイ，ハイフォンなどの都市に移住し，そこで製品を売るようにもなる。ハノイのレズアン通りやホーチミンのタンビン区には，集住したチュエンミーの住民たちが経営する店が軒を連ねる地域がある。また，国内の螺鈿細工製品の市場が拡大するだけでなく，中国や日本，アメリ

カなどへも輸出され始める。

　需要増に合わせて，チュエンミーでは螺鈿細工の職人も増加した。もともと螺鈿細工の伝統のあった現在のゴ村，ハ村以外の村にも広がり，螺鈿細工だけでなく，それを嵌め込む家具や木工品の製造も行われるようになっていった。チュエンミー社にある7村すべてに螺鈿細工を行っている家内企業があり，フースエン県ではチュエンミーの外でも，チュエンミーで働いた職人が独立して螺鈿細工の工房をもつケースも増えている。

　筆者がチュエンミーで質問票調査を実施する前年の2012年時点では，社の総世帯数2347戸の約半数に当たる1128戸の世帯が螺鈿細工を行っていた。企業登録をしている螺鈿細工関連企業は8社，合作社は1社と少数であった。当時の人口（8140人）の半数以上の約4500人が螺鈿細工の職人であり，これに加え約700人の労働者が社外から来ていた（世帯数と人口は2014年にはそれぞれ2683戸，1万164人に増加している）。社の2014年経済社会状況報告によると，螺鈿細工関係（製造，運搬，販売など）で何らかの収入を得ている世帯は，社の95％に上る。経済活動の中心は螺鈿細工関連の活動であり，社の農業生産額は，社全体の経済生産額の12％を占めるにすぎない。

第2節　チュエンミーの経済活動

1．世帯収入の分布

　筆者は2013年8月，チュエンミーにある7つの村のうち，4つの村からそれぞれ40戸ずつランダムに抽出した160戸を対象に，質問票調査を実施した。対象は螺鈿細工および関連の経済活動を行っている世帯である。企業（有限会社）登録をしている企業が1社あるが，その他の159戸は個人基礎であった（登録の有無は不明）。家族労働以外に労働者を雇用している家内企業は106戸であるが，そのうち雇用労働者が親類のみという家内企業が半分の52

戸を占める。家内企業当たりの雇用者数は最大でも13人であり，調査対象の160戸の総雇用者数も135人と，どの家内企業も小規模な経営である。ただし，調査では調査時点での雇用者数を質問しており，通年で雇用していない雇用者も多いため，この数字は正確とはいえない。大口の注文が来た際には，短期の雇用者を雇うことが一般的であるという。雇用者の賃金に関する質問に回答している家内企業が「労働者を雇用している」と回答した家内企業より多い144戸あったため，短期の労働者を雇用している場合も含めれば，家族以外の労働者を雇用している家内企業はもっと多いであろう。しかしいずれにせよ，鉄鋼の専業村チャウケーなどと比較すれば，チュエンミーの調査対象の家内企業の経営規模が小さいことは間違いないであろう。

　経営者（世帯主）には大学卒業者もいる（1人）が，3年しか教育を受けていない者もいる。中学校卒という就学歴が最も多い（90人）。調査対象世帯の月平均の現金収入（「各種の経費を除いた収入」と質問している）は1716万ドンある。一方，全国規模の家計調査であるVHLSSの2012年調査結果によれば，農村地域の月平均所得は158万ドンである（GSO 2014, 201）。調査の厳密さや対象世帯が異なるため，VHLSSの結果と単純比較はできないが，本調査の対象地域は豊かな農村の部類に入るといってよいであろう。調査対象を螺鈿細工関連の経済活動を行っている世帯に限定したためではあるが，現金収入の総額のなかで，螺鈿細工関連から得ている現金収入の割合は平均で97.9％あり，100％と回答している世帯も93世帯あった。

　図4-1は質問票調査結果から，最も高額の現金収入のある世帯の収入を100として各世帯の収入を相対化し，その分布をみたものである（左から現金収入額の高い順に並べて示してある）。最高額と最低額のあいだには10倍の差がある。分布の形（加重平均値25，中央値21）からわかるとおり，低くなだらかな部分が長い。一部を除き同じような小規模経営の家内企業が多くを占めていることがわかる。

　チュエンミーでは，螺鈿細工を経済活動の柱としながらも，農地を維持している世帯が多い。調査対象世帯のなかで，農地を保有していない世帯は2

図4-1 調査対象世帯の収入の分布

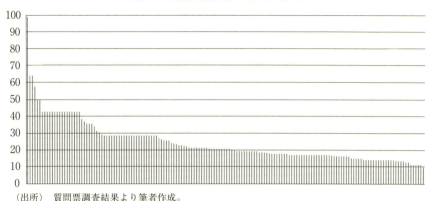

(出所) 質問票調査結果より筆者作成。

戸しかない（うち１戸は他の世帯から土地を借りて稲作をしている）。農地を保有していない２世帯を除く世帯の平均保有農地面積は0.19ヘクタール（標準偏差0.09），最大で0.36ヘクタールと，紅河デルタの平均値0.21ヘクタール（GSO 2012）と比べても農地面積は小さい。ただし，農地は保有しているものの，農業を行っていない世帯もある。農地をすべて貸している世帯は56戸ある。親類などに貸し，地代をまったく受け取っていない場合もあれば，コメで地代を受け取る場合もあるという。これに加えて10世帯は農作業を行わず，外部の労働者に委託している。農業（稲作）はほぼ自給のためであり，調査対象世帯のうちコメを販売している世帯は51戸しかなく，販売量は最大の世帯でも年間2.5トンであった。チュエンミーでも，離農は確実に進んできており，それでいながら多くの世帯は農地は維持するという選択をしている。

2．異なる４つの調査村

チュエンミーの調査では，４つの村を対象として選択した。この４つの村はそれぞれ特徴が異なる。村ごとに特徴が異なるのは，行政の最小単位の

「社」ではなく伝統的に存在する「村」の単位の経済・社会的なかかわりが強いとされる，紅河デルタ農村の特徴をチュエンミーではいまだに残していることの証左であろう。

　ゴ（Ngọ）村は，先述したように，隣のハ村とともにチュエンミーで最も古くから螺鈿細工が行われてきた村である。螺鈿細工の技術はこの村からほかの村の世帯に徐々に伝わっていった。チュン（Trung）村は人民委員会や小学校が位置する社の中心地であり，社の外部へのアクセスもよい立地であることから，螺鈿細工と農業以外の経済活動の機会も最も多い。トゥオン（Thượng）村は貝殻の調達と加工を行う家内企業が集中しており，螺鈿細工のみを行う家内企業は少ない。ボイケー（Bối Khê）村は他の6つの村とは離れた飛び地に位置しており，他の村とは若干異なる歴史をもつ。ボイケー村は，以前は寺や仏像の修繕を専門とする専業村であった（Fanchette and Stedman 2010, 234）。現在，ボイケー村の多くの家内企業は，同じ「象嵌」細工ではあるものの，貝殻の真珠層の代わりに着色した卵の殻を嵌め込み漆で表面を覆う sơn khảm という細工の小物を製造している（そのため正確には「螺鈿」［khảm trai］細工ではない）。他の村で行われている螺鈿の技術を用いて開発された新たな製品であるという。

　チュエンミーで製造されている製品を大別すると，装飾小物（漆器の茶碗，お盆，花瓶，壁掛け，宝石箱など），家具（たんす，テーブル，椅子，屏風など），そしてこれらに嵌め込むために加工された貝細工のパーツがある。表4-1は，質問票調査の結果から，4つの村で小物製造，家具製造，貝細工を行ってい

表4-1　4村における各製品生産家内企業数

	ゴ村	チュン村	トゥオン村	ボイケー村
総世帯数（2012年）	396	228	484	535
調査世帯数	40	40	40	40
小物製造世帯数	40	34	9	39
家具製造世帯数	23	9	10	2
貝細工世帯数	0	6	32	0

（出所）　質問票調査結果より筆者作成。

る家内企業の数を示したものである。この表から，トゥオン村を除けば装飾小物を製造している家内企業が多いことがわかる。ゴ村では40戸すべて，ボイケー村でも1戸以外はすべての家内企業で装飾小物を製造している。どの村も複数回答をしている家内企業，すなわち複数の種類の製品を製造している家内企業が多い。ゴ村では調査対象の家内企業40戸中23戸が家具を製造しているが，それ以外の村では家具を製造している家内企業は少なくなる。家具の生産には螺鈿の技術だけではなく，木工の技術や加工用の比較的大型の機械も必要とされるためである。

螺鈿細工用の貝細工のパーツは，おもにトゥオン村で加工されている。ただし，トゥオン村の住民は，貝細工のかたわら螺鈿細工の材料（木材，接着剤，塗料など）や製品の売買をする商売を営む家内企業が多く，32戸中28戸は貝細工と材料販売の兼業である。トゥオン村以外では，チュン村でも6戸の家内企業が貝細工を専門に行っている。螺鈿細工の伝統が最も長いゴ村と貝細工を用いない製品を生産している家内企業が多いボイケー村では，貝細工を行う家内企業はなかった。

どの村も，ほとんどすべての世帯が農地を保有しているが，農作業を行わず，より螺鈿細工に専業化が進んでいるのはゴ村とチュン村である。ゴ村では19世帯，チュン村では31世帯が農作業を行っておらず，農地をすべて貸し出すか作業を外部委託している。農作業を行っていない世帯の数はボイケー村では9戸，トゥオン村では7戸と少数であった。

第3節　螺鈿細工の製造技術

1．生産工程と分業

伝統的な螺鈿細工の工法では，1人の職人がすべての工程を担っていたそうであるが，現在では伝統的には存在していなかった分業体制がある。まず，

貝殻の真珠層部分からさまざまな形状の細かいパーツを切り出す作業があり，先述のとおりこの作業を行う家内企業はおもにトゥオン村に集中している。なお，材料の貝殻には，ベトナム語で trai, ốc, khẩu, ngọc nữ など，さまざまな種類の大型の二枚貝や巻貝がある。たとえば trai は細長いパーツ ốc は細かいパーツなど，それぞれ種類の貝殻でつくるパーツの形を変える。伝統的にベトナム南部産のものを使ってきたが，近年ではタイやシンガポールからホーチミンを経て輸入されるものが増えている（高級品はすべて輸入品である）。ホーチミンには，輸入貝殻の貝細工を行う専門業者もいる。

　その後，加工された貝を嵌め込む作業（ボイケー村でつくられている製品では，おもに貝殻ではなく着色した卵の殻が用いられる）となるが，ここでは，嵌め込む土台となる木工家具や小物の製造（家具の場合，その製造の作業は整形，彫刻，研磨などさらに細分化される），木彫，貝殻の嵌め込み，研磨，塗

写真1：螺鈿の原料となる貝。シンガポールからの輸入品である。

（2006年12月　筆者撮影）

装といった作業工程がある。現在では，すべての工程でそれぞれ専門の職人が分業している。家具製造のように据え置き型の比較的大型の機械を使用している場合を除き，多くの作業は住居の一角を工房に当てて作業が行われている。

　小物であれ家具であれ，製品のほとんどは基本的には注文生産でつくられる。顧客（おもに小売商）が製品の注文をする場合，デザインが指定される場合が多いという。小物は製品全体のデザインが指定される場合が多く，家具は製品全体の場合と螺鈿部分の絵柄のみの場合がある。芸術性の高い高価な製品の場合は，全体のサイズや形の指定だけがあって，デザインから職人が手がける場合が多いという。その場合，貝殻を嵌め込む職人が下絵から描く場合と（この場合，昔のデザイン画が残されていてそれに沿って下絵を描く場合が多い），専門の絵描き職人が描く場合がある。

　2．技術の変化

　チュエンミーの住民は，子どもの頃から親を真似て螺鈿細工の技術を覚えることが一般的であり，社に技術を教える職業訓練校のような機関はない。計画経済時代から存在する小手工業合作社である「ゴハ合作社」が螺鈿細工の技術を教えているが，貧困地域の若者やほかの地域の障害者を受け入れて技術を教える社会福祉的な役割を担っており，チュエンミーの住民を対象とした職業訓練は行っていない。子どもの頃から親の技術をみて育っても，本格的に職業として螺鈿細工を行うようになるには，学校を卒業してから1～3年の技術習得の時間が必要であるという。外部からやってくる職人もいるが，職人のほとんどはチュエンミーの出身者であり，多くの女性も携わっている。

　農業の副業として行われていた螺鈿細工の技術は，各世帯内で何世代にもわたり継承されてきた。その中心的な技術は伝統的な手工具を用いた手法であるが，電動工具など新たな機械も用いられるようになっている。国家に認

定された「芸術家」などがつくる芸術性の高い作品は現在でも手作業が多いが，量販する製品は，機械を用いることで，短い時間で同じサイズの同じような品質の製品をつくることができるというメリットがあるからである。たとえば，螺鈿細工の前工程である貝殻の真珠層からさまざまな形状のパーツを切り出す作業は，以前は手作業で行っていたため，その技術習得には時間がかかったが，今では電動のノコギリやドリル，圧縮機といった機械を使い，以前より容易につくることができるようになったという。速く効率的に（ひとつの貝殻から数多くのパーツを切り出すことができる）つくることが現在最も必要とされる技術である。

　また，螺鈿細工を施す家具や小物の製造においても，据え置き型の機械（ノコギリ，圧縮機など）や手持ちの電動工具（ドリル，グラインダーなど）が用いられ，貝殻を嵌め込んだあとも，仕上げに電動の研磨機で研磨される。貝殻を木彫に嵌め込む際に漆を使って貼り付けるといった伝統的な技法を維持している家内企業はもはやなく，化学成分の入った接着剤が用いられる（漆の質が落ちたことも原因である）。螺鈿細工の絵柄やその下絵を保存したり拡大したりするために，今ではデジタルカメラやコピー機も用いられる。貝細工や家具，小物製造も含め，そこで使用される機械は特殊用途の専用機ではなく，電動工具を中心とした汎用機械である。緻密な手作業の技術が必要とされる貝の嵌め込み作業は機械では代替できず，それ以外の部分では，専用機を開発する必要がないためである。また，数多くのバイヤーから小ロットの多様な注文を受ける小物の製造の場合，汎用機械の方が多様な製品の製造に有効に使うことができる。

　最も伝統のあるゴ村では，国家に認定された芸術家などの高級品をつくっている職人のあいだで，技術やデザインの情報交換をしているというが，それ以外の量産品を製造している家内企業のあいだでは，技術に関する意識的な情報交換はあまり行われていないという。それでも，他の家内企業が導入した新たな生産手法や新たな製品は周辺の家内企業に模倣され，瞬く間に広く普及していく。これも次節でみていく社会ネットワークの存在によるもの

写真2:螺鈿細工の作業風景。若いうちから家業の技術を習得する。

(2013年12月　筆者撮影)

である。

第4節　ネットワーク型流通構造の変化

1．移出者とのつながり

　チュエンミーは，外部に移出する住民が多い地域である。先述のとおり，フランス植民地期以前から，チュオンゴ村の住民たちが，ハノイに移住してコミュニティを形成していた。現在でもハノイとホーチミンにはチュエンミー出身者のコミュニティがある。紅河デルタの農村は人口稠密で，フランス植民地期以前から南部への移出者は多かったが，チュエンミーではとくに，ドイモイによる経済自由化以降，螺鈿細工という特別な製品の市場機会が都

市部にできたことで，多くの移出者を生む結果となった。筆者がチュエンミーで調査を行った2013年には，ハノイやホーチミンに出稼ぎに出た住民のチュエンミーへの帰還も起きていた。

　質問票調査では，「現在移出している家族・親類」と「過去に移出して帰還した家族・親類」について質問した。調査対象世帯全160戸のうち148戸で，チュエンミーから移出している家族か親類がいた。過去に移出していて現在社に帰還している家族・親類がいる世帯は30世帯ある（そのうち27世帯は帰還した家族・親類と現在移出している家族・親類の両方がいる）。移出した家族・親類が過去も現在もいない世帯は9世帯のみであった。

　調査時点で，移出している家族・親戚の総数は285人で，そのうちの約半数の141人が世帯主の兄弟であった。世帯主の子どもと孫を合わせると計71人が移出しているが，そのうちの12人は学生である。それ以外では，「親類」も比較的大人数（56人）いる。移出時期はドイモイ開始直後から1990年代に集中しており，その10年強のあいだの移出者は179人を数える。とくに1990年には，単年で最も多い45人が移出している。おもな移出者である世帯主の兄弟たちは，当時20代から30代の若者であった（調査時点での世帯主の平均年齢は43.0歳）。経済自由化後に訪れた都市部の新たな経済活動の機会を求めて，多くの若者たちが都市部へ移出したようである。

　対照的に，2000年以降，チュエンミーからの移出は急激に減少した。2000年から調査年の2013年までの13年間で，移出者の合計数は58人しかいない（うち15人は学生）。2000年代以降は近隣で螺鈿細工や農業以外の就業機会が増え，インフラが整備されハノイへのアクセスも向上し，移住を必要としない地理的範囲で経済活動の機会が拡大したことがその要因であると考えられる。

　つぎに，表4-2は，移出者の移出先と彼らの職業を示したものである。移出先はホーチミンが最も多く，つぎにハノイ（旧ハタイ省を除く都市部）が続く。ハノイ，ホーチミンともに，移出先で螺鈿細工関連の売買に携わる者が多い。彼らが店舗を構え直接販売している場合もあるが，その多くは代理店

表4-2　チュエンミーの住民の移出先と職業

移出先＼生業	螺鈿細工	木工	材料,螺鈿細工売買	学生	その他	合計
ハノイ	7	3	29	18	21	78
ホーチミン	54	32	62	3	30	181
その他地域	13	6	1	4	2	26

（出所）　質問票調査結果より筆者作成。

業務，すなわち国内の土産物屋や美術品店や海外のバイヤーからの注文を受け，螺鈿細工職人にオーダーし，出来上がった製品を客に販売するという商売をしている者たちである。つぎに多いのは螺鈿細工職人である。ハノイやホーチミンには，チュエンミー出身者のコミュニティがあり，おもにそのネットワークのなかで螺鈿細工の生産と販売が行われているが，景気の動向により，彼らとチュエンミーに住む商人や螺鈿細工職人のあいだで製品の融通や注文の再委託などを行うこともある（本調査からはどの程度の割合かは明らかにできなかった）。ハノイやホーチミンとチュエンミーとのあいだのこのような経済的・社会的なつながりは，景気の変動による需要の増減などへ対処するための機能を果たしていると考えられる。

　ハノイとホーチミン以外では，ナムディン省への移出が多い（12人）。これはおもにナムディン省のハイハウ（Hải Hậu）県への移出である。同県にはアンティーク調（つまり，アンティークの贋物）の家具や小物を製造している家内企業が集積した専業村がある。ハイハウ県やバクニン省（5人移出）の木工品の専業村（次章で詳述）では，これらの地域でつくられた木工品にチュエンミーの職人が螺鈿細工を施すという分業による生産体制が形成されてきた。

　2．売買ネットワークの変化

　現在では，螺鈿細工に必要な材料の調達や製品の販売を行うに当たり，社

会的なつながりのない商人らをとおした調達，販売が取引の大半を占めている。以前は1990年代にハノイやホーチミンに移出したチュエンミーの住民たちとのネットワークをとおした取引が中心的であったが，需要の拡大にともない，彼らとの取引関係から派生した新たな相手との取引の機会が増えていったという。

　チュエンミーの家内企業がおもに調達するのは，木材，貝殻各種，接着剤，塗料である。調達先について聞き取りを行うと，「たくさんの人から買っている」という回答を得ることが多いが，質問票調査では，高い頻度で材料を調達する調達先について，どこのどのような関係の者で，彼らから何を購入しているかを聞いた（表4-3）。家内企業当たり平均2.9軒の相手から材料を購入しており，比較的大規模な家内企業で最大5軒から材料を購入している。

　表4-3に示すとおり，材料をチュエンミー内で調達する場合が最も多く，調達先ののべ数は331となった（同じ村からの調達98，チュエンミー社内の他の村から233）。その場合，先述のように商売を行う家内企業が集中しているトゥオン村の住民からの調達が多い。トゥオン村の住民たちの多くは自ら貝殻の加工を行うかたわら，螺鈿細工に必要な材料を仕入れ，チュエンミーの他の家内企業に販売も行っている。ホーチミンからの調達が多いが，これはおもに貝殻の調達である。他の村ではハノイやホーチミンといった外部からの直接の材料調達は少ない。ボイケー村ではハノイの旧ハタイ省地域の他の地域からの調達が多い（表4-3の「その他地域から」78例のうちの63例が旧ハタイ省から）。ボイケー村の家内企業は生産している主製品が異なるため，他の

表4-3　材料の調達先

	チュン村	ボイケー村	ゴ村	トゥオン村	合計
村内から	31	30	0	37	98
社内他村から	95	17	92	29	233
ハノイから	0	2	0	3	5
ホーチミンから	0	0	1	18	19
その他地域から	6	78	3	17	104

（出所）質問票調査結果より筆者作成。

村とは異なる調達ネットワークを有しているようである。チュン村とゴ村ではトゥオン村からの加工された貝殻のパーツ調達が最も多いが，チュン村にも材料の売買を行う家内企業が数多くあることがわかる。一方，ゴ村には螺鈿細工の生産に特化している家内企業がより多い。

　質問票調査では，主要な材料の調達のべ数463の約7割に当たる329の調達に関して，その材料の販売者を特定することができた。そして，調査対象世帯のうちの何世帯がそのそれぞれの販売者から購入しているかをカウントした。図4-2は，販売先が多い業者を左から順に並べ，その販売者数を示したものである。最も販売先の数が多かったのは，チュン村で接着剤と塗料を販売する専門業者であったが，それ以外の販売先の多い販売者のほとんどはトゥオン村の家内企業であった。数多くの相手と取引をしている少数の販売者と特定の種数の取引とだけ取引をしている多数の販売者がいるという構成である。販売者同士の取引が特定できないが，この図の形から，数多くの取引先をもつ少数の販売者が「ハブ」となって効率的な取引ネットワークが形成されていると推測できる。

　一方，製品の販売先について把握することは材料の調達先の把握より困難

図4-2　材料の販売業者の販売先の数

（出所）　質問票調査結果より筆者作成。

であった。それは，小ロットの1回かぎりのスポット取引が多く，長期的な関係のある販売先が少ないからである。回答には「さまざまな地域のさまざまな相手に売っている」というものが116例もある。安定的に製品を供給している取引相手の総数は，全160戸の調査対象家内企業で合わせても151しかない。

　安定的に供給している販売先についての把握できているかぎりの限定的な情報によれば，製品は外部のバイヤーなどに直接販売するよりも，村あるいは社の内部の家内企業に販売されるケースが多かった（それぞれ51件と15件）。社のなかで製品を調達して都市部の小売商などに販売を行う，いわゆる在地商人の役割を果たす家内企業が複数存在していると考えられる[7]。その他の特徴的な傾向としては，家具を生産する家内企業が多いチュン村では中国への販売が多いこと（13件），ボイケー村の製品はハノイに多く販売されること（13件），トゥオン村の貝殻を切り出したパーツはホーチミンにも多く売られていること（16件）が挙げられる。また，製品の販売先も原材料の調達先同様，そのおもな相手は売買以外の社会的なつながりのない相手である。詳細不明な116件の相手も含んだ販売先総数267のうち，250件は家族・親類，親しい友人以外のビジネスの相手に販売しているケースであった。

小括

　本章では，ドイモイ開始以降の村内外の経済・社会的な環境変化に対する，チュエンミーの各家内企業の伝統的な生業の維持・発展のための戦略的な対応についてみてきた。対応のひとつの柱は生産体制の変化であった。チュエンミーの世帯の多くは，数世代にわたり，農業のかたわら伝統的な家業として各世帯が独立して螺鈿細工を続けてきたが，近年，世帯内の所得や労働に占める農業の割合が減少し，離農と螺鈿細工の専業化がより進んだ。また，伝統工芸といえども，より均質な品質を確保し効率的に多数の製品を生産す

るために，工程の分業と新たな製造技術が導入された。さらに，ナムディン省やバクニン省の木工品生産との分業体制も築かれていった。また，安価で汎用性の高い電動工具を中心とした機械の購入で，緻密な技術を必要とする手作業以外の部分の生産性を向上させてきた。

変化に対するもうひとつの対応は市場の開拓あるいは拡大であった。ドイモイ開始以降，国民の所得が向上するとともに，都市部を中心にぜいたく品である螺鈿細工の需要が高まり，一方で貿易の自由化は海外の新たな市場の開拓の可能性を広げた。チュエンミーの住民の多くは，1990年代にその機会をとらえてハノイやホーチミンといった都市部へ移住し，螺鈿細工の製造，材料調達，販売の新たな拠点を形成した。これらの移住者コミュニティとチュエンミーは，社会的なつながりをとおして取引を行ってきた。

しかしその後螺鈿細工の需要が拡大し，1990年の移出者以外の専業村内外の商人や業者たちとの調達・販売ネットワークも形成されていった。とくに材料の調達は，社外の移出者や商人らと直接取引するのではなく，トゥオン村の住民をとおした調達の割合が大きくなっている。トゥオン村には，チュエンミーの外の材料の販売者や製品の顧客と取引をする在地商人的な家内企業が数多くある。小規模な家内企業が多数の取引相手と取引を行う構図は鉄鋼の専業村チャウケーでも観察されたが，チュエンミーの場合はチャウケーに比べ，より多くの相手と小規模でアドホックなスポット取引が行われている。この差異は財の性質のちがいにもよるものであろう。チュエンミーで生産される製品は，大型の家具を除けば，都市部の多くの小売店や輸出業者が取り扱っている製品であり，その単価も低く，取引の回転も早い。

チュエンミーの例は，伝統は技術や生産・販売体制を変化させてきたからこそ生き残り，さらに発展したことを示している。とくに分業や取引慣行などは製品市場の急速な量的・地理的な拡大に対応する形で生み出されてきた。本章は，技術や生産・販売体制の変化を可能にしたのが個人のあいだのつながりにあったのではないかという点に注目した。すなわち，個人のつながりをとおして技術や市場に関する知識を獲得し，彼らのあいだで協力関係，あ

るいは分業関係を形成したことで，チュエンミーの家内企業は変化し拡大する市場に対応できたという結論である。

　ただし，そのつながりの質は時とともに変化してきた。ドイモイ開始直後の螺鈿細工の市場がハノイやホーチミンで形成され始める時期は，チュエンミーから移出した家族・親類とのつながりをとおした取引ネットワークであったが，市場の拡大にともない，村内外の単に経済的な取引のみを行う数多くの取引相手とのつながりに取って代わられた。

　この，地理的にも社会的にも不均質な（すなわち近いもの同士のつながりと遠いもの同士のつながりとの組み合わせからなる）ネットワークは，スモールワールド性をもったネットワークということができるだろう。ドイモイ開始以前の伝統工芸としての螺鈿細工の発展は，村のなかの凝集性（クラスター性）の高いネットワークが技術の伝承を可能にした。そして経済自由化にともない移出したチュエンミー出身者が，都市の市場との新たなつながりを形成し，生産者と市場を結ぶつながりが増え，距離が短くなった。そして，需要の拡大にともない，さらに家族・親類以外の取引先との「つなぎ替え」が起こった。これは，数多くの都市部のバイヤーらとの「弱い紐帯」が市場や技術の情報をもたらすうえで有効になったからと解釈できる。さらに，トゥオン村の商人の集積のような「ハブ」も形成され，全体的なネットワーク距離がさらに短くなり，効率的な取引が行われるようになったと考えられる。本研究は，これらの議論の実証的な検証を行うことを目的としているわけではないが，社会ネットワーク分析の理論をヒントにすれば，チュエンミーで起きてきたことは，計画経済の時代が終わり，各個人が自由に独自の判断でさまざまな相手とのつながりを結んだことで，自己組織的に効率的なネットワークが形成される過程であったと解釈できる。

〔注〕
(1)　ハタイ省は，フート省に合併されたひとつの社を除き，2008年にすべてハノイに合併吸収された。旧ハタイ省もバクニン省同様，古くから伝統的に専

業村が多い地域である。有名なものとしては，絹織物のヴァンフック村，「ノン」と呼ばれるすげ笠のチュオン村などがある。

(2)　1960年代にはすでに「グラフ理論」が考案され，直接・間接的につながっている人同士の関係を，「距離」「密度」「範囲」「つながり」「クラスター性」「多重性」といった指標で数値に変換し分析することができるようになった（Wasserman and Faust 1994）。そして，統計と確率モデル，および代数モデルの洗練により，ネットワークの構造やシステムのより正確な計測が可能になっていった。これが静的な社会構造の分析である。

(3)　社会学者スタンレー・ミルグラムは，1967年の論文 "The Small World Problem"（Milgram 1967）で「世界の見ず知らずの2人の個人のあいだは，平均5人の媒介者でつながっている」という実験結果の謎（なぜたった5人という少ない媒介者で世界はつながるのか）を提起した。この謎を理論的に解明したのが，物理学者ダンカン・ワッツとスティーブン・ストロガッツの論文であった（Watts and Strogatz 1998; ワッツ 2004）。

　　ワッツとストロガッツによれば，規則的なつながりをもつネットワーク（同論文ではすべての点が両隣ともうひとつ隣の点の計4つの点とつながっている環状格子を例に挙げている）を想定すると，この状態では点同士の平均距離（任意の点から他の任意の点につながるまでの次数）は非常に大きく，また各点は多くの局地的な塊を形成（クラスター化）している。つぎに，このネットワークの線をランダムにつなぎ替えると，つなぎ替えを始めた直後に，クラスター係数が大きいまま平均距離が劇的に減少する。つなぎ替えによりクラスター同士の「近道」（short cut）ができ，これが平均距離（任意の2点間の距離）を減少させるからである（Watts and Strogatz 1998, 440-441）。「スモールワールド性」のあるネットワークとは，この規則的なつながりと「近道」として機能するランダムなつながりが並存するネットワークである。

(4)　これは，1990年代末から登場し始める「複雑系ネットワーク」の理論であり，その代表的なものが「スケールフリー・ネットワーク」モデルである。たとえば，とあるネットワークに新たな点が参加するとき，多くの次数をもつ点とつながりやすい（「優先的選択」）というルールを設定したモデルを用いて複数回数繰り返すシミュレーションを行い，その点の分布を示すと，多くのつながりをもつ「ハブ」として機能する少数の点と，少数のつながりしかもたない圧倒的多数の点からなるベキ乗の分布（正規分布のような特定の典型値がない分布であるため「スケールフリー」とよばれる）になるというものである（Barabasi and Albert 1999; バラバシ 2002）。

(5)　そもそも，SNAの枠組みでは，実証的な研究は困難である。社会的なつながりは質的に多様であり，姻戚関係など一部を除けば頻繁に変化し得るからである。事実，SNAの先行研究のほとんどはシミュレーションによる結果を

⑹ 1930年代のピエール・グルーの農村調査記録にも，この地域の螺鈿細工が18世紀後半に始まったという記述がある（グルー 2014, 463）。

⑺ 販売先のデータは調達先のデータ以上に不完全な情報であり，回答から販売相手の名前まで特定できているケースは57件しかないが，この不完全な情報によれば，在地商人的な家内企業が少なくとも5戸はある。

示したものであり，実証研究は，特定の目的で「つながっている」ことを厳密に定義でき定量的に示すことができる非常に限られた分野に限定される（たとえば特許の共同出願者のネットワークを研究したFleming, King, and Juda 2007など）。

第 5 章

木工専業村における技術移転

フォンマックの家内企業で研磨作業をする職人。研磨職人は女性が圧倒的に多い。

(2012年11月　筆者撮影)

はじめに

　本章では，第4章に引き続き伝統工芸専業村の発展の様相をみていく。第4章の螺鈿細工の専業村の例で指摘したのは，「伝統工芸」は必ずしも静的なものではなく，職人たちが，古くからある伝統的な技能や生産ノウハウでずっと作り続けてきたわけではないという単純な事実であった。

　本章の舞台となる木工品の専業村であるバクニン省トゥーソン市社ドンキ（Đồng Kỵ）とその周辺の村でも同様の変化が観察できるが，この地域の場合は若干事情が異なる[1]。ドンキといえば，ベトナム人だけでなく外国人観光客のあいだでも，木工品の伝統工芸専業村として知られているが，実はドンキは伝統的に木工品をつくっていた村ではない。ドンキで木工品生産が地場産業化したのは1990年代に入ってからのことであった。ドンキに隣接するフオンマック（Hương Mạc）社にキムティエウ（Kim Thiều）村という木工・木彫の伝統工芸の村があり，キムティエウ村の木工品を販売していたドンキの商人たちが，木工品生産も手掛けるようになり，いつの間にかドンキの方が伝統的な木工品の専業村として有名になったのである。

　本章では，木工専業村の家内企業の技術の変化に注目する。ドンキとその周辺の村で生産されている木工家具は，大型で木彫や螺鈿細工が施されているなど中国やベトナムの伝統的なスタイルである。伝統的にはすべて手作業で生産されていたが，整形や研磨など機械で置き換えられる作業も増えてきた。そして新たな製品も生産され始めるようになった。機械の導入にともない，職人たちに必要とされる技能や知識も変化している。

　鉄鋼専業村チャウケーでもみたとおり（第2章），厳しい資本の制約のもとで経営を行う専業村の家内企業が，大企業や外資企業などに比べれば低い技術レベルにとどまっていることは間違いない。しかし，筆者が家内企業の経営者たちに話を聞いて常に感じることは，彼らとて新技術や新たな製法の導入に対する関心は高いということである。それは，村のなかの同業者や村

の外のより規模の大きな企業との厳しい競争に常にさらされているからであり，できれば新たな製品や新たな生産技術で他者との差別化を図りたいと考えている。生産する財は異なるものの，木工専業村の家内企業の経営者たちも同様の志向をもっている。

1980年代，相対的に労働賦存に優位性がある途上国で先進国の高い技術を導入することは適切ではなく，彼らのもつ知識や資本レベルに合った技術が必要であるという議論に大きな関心が寄せられた。一世を風靡したアーネスト・シューマッハーが唱えた「中間技術論」は，途上国の「在来産業」にはより資本節約的で雇用創出を促す「単純な技術」(simple technology)と「土着の知識」(indigenous knowledge)を用いた中間技術が必要であるとした (Schumacher 1978)。「中間技術論」はその後，「適正技術論」や「オルタナティブ・テクノロジー論」といったさまざまな議論を喚起する（これらはまとめて「適正技術論」と呼ばれることが多い）[2]。

中間技術論・適正技術論を実践に移す試みも盛んに行われた。1980年代には，国家機関や海外ドナーによる開発援助プログラムで，世界中に「適正技術開発センター」といった名前の機関が設立され，先進国を含めれば，約300の機関が適正技術開発にかかわっていたという（小林 1983, 59）。しかし，1980年代以降の途上国の技術発展の研究や実践のなかでは，「中間技術・適正技術の議論はあまり省みられ」ず，現在では「やや霞んでしまった」（丸川 2014, 47）という印象を筆者も共有する。

それはおそらく，中間技術論・適正技術論のおもな関心事が既存の経済・社会状況に合わせた技術を選択・開発することにあり，外来の技術を受容する側の企業や社会の適応力の問題にあまり関心が払われなかったからではないかと筆者は考える。経済のグローバル化が進んだ現在，途上国にとって「適正」であるか否かにかかわらず，先端技術だけでなく，先進国で陳腐化した技術も市場メカニズムをとおしてモノ（製品や生産機械）やヒトの移動とともに安価に国境を越え，さらに農村にまでやってくる。今日の途上国の企業には，自分たちに合った技術を選択する機会よりも，むしろ外部からや

ってくるさまざまなレベルの技術を受容する能力が問われる機会の方が多いであろう。

また，近年では，先進国の技術進歩に追いつくことばかりでなく，先進国とは異なる系統の技術進歩を遂げようとすることを志向する途上国企業に対する関心が高まっている（Immelt, Govindarajan, and Trimble 2009; Bhatti 2012; van Beers, Leliveld, and Knorringa 2012; Knorringa et al. 2016; 丸川 2014など）。しかし，これらの研究では，新たな製品およびサービスが市場に現れ，大きなシェアを獲得したことをもって「技術進歩」が起きたと評価する傾向にあり，生産プロセスにおける技術にあまり注意を払っていない。ベトナムの専業村の経営者たちは多くの場合，中古機械を購入するという形で外来の生産技術を導入する。そしてそれを使いこなし，時にはイノベーティブな技術的・制度的工夫を凝らし，生産性や製品のクオリティを上げようと努力している。本章では，そのような技術的・制度的工夫を紹介していく。

本章が依拠するのは，おもにドンキと隣のフオンマックにおける坊・社人民委員会幹部や生産・販売業者への聞き取り調査により得られた情報と，人民委員会の資料である。さらに，ドンキやフオンマックに多くの労働者を供給しているバクザン省ヒエップホア（Hiệp Hòa）県チャウミン（Châu Minh）における聞き取り調査の結果も加える[3]。調査ではとくに，労働・雇用慣行や家内企業間の取引の慣行，技術的な工夫に焦点を当てたため，質問票による定量的な情報収集ではなく，聞き取りによる定性的な情報の収集のみを行った。

本章ではまず，ドンキとフオンマックの木工品の専業村としての発展の歴史を追ったあと，現在の木工品の生産体制を概説する。つぎに，木工品生産の技術面の変化をみていく。ドンキとフオンマックの経営者や職人たちが，新たな技術を導入し受容していくために技術的な工夫を行っている点と，労働・雇用慣行を変化させている点に注目する。

第1節　木工専業村の発展史

1．発展前夜

　ドンキは，ハノイ中心部から20キロメートルほど北東に位置するトゥーソン市社の「坊」のひとつである。ドンキは2008年まではトゥーソン県ドンクアン（Đồng Quang）社のひとつの「村」であったが，トゥーソン県が「市社」に転換される際に社レベルの「坊」に格上げとなった。すなわち，ドンキは村レベルから社レベルの行政単位に格上げになっただけでなく，同時に農村から都市へと格上げされたということになる。この事実だけでもドンキがいかに急速な発展を遂げたかが理解できる。ドンキの中心の通り（Nguyễn Văn Cừ 通り）の両側には，高級木工家具や調度品を販売する店が立ち並んでいる。これらの店の裏手には，木工品を製造する工場が集積するエリアがある。

　ドンキではフランス植民地期以前にも木工家具生産が行われていたとされているが，いつ頃から始まったのかについては明らかではない（石塚・藤田 2006, 208）。しかし，少なくとも植民地期には木工家具生産は行われておらず，むしろ水牛を売買する商人の村として知られていた（Fanchette and Stedman 2010, 69）。計画経済時代にも，大工や家の内装を手掛ける職人はいたようであるが，木工品を生産する小手工業合作社はなかった。

　伝統的に木工品を生産していたのは，ドンキに隣接する現在のフォンマック社であった。李王朝時代の11～12世紀には，マック（Mạc）村――現在フォンマックにある6村のうちのひとつであるキムティエウ村――は家具や仏像・神像を生産する木工・木彫の専業村であった。キムティエウ村には計画経済時代にもキムソン（Kim Sơn）という小手工業合作社（1968年設立，1986年解散）が存在しており，東ヨーロッパに輸出さえしていたという（Nguyen Phuong Le 2009, 46）。ドンキでは，1980年代の前半にキムティエウ村の住人から習い木工を始める人が出てきたようである（Nguyen Phuon Le 2008, 17）。

また，フォンマックの木工品生産とチュエンミーの螺鈿細工がつながり始めるのは計画経済時代末期であった。フォンマックで生産される家具の材料となる木材をドンキの商人がチュエンミーの職人に提供し，螺鈿細工を委託したという（Fanchette and Stedman 2010, 234）。

2．中国市場へのアクセス拡大

計画経済時代が終わり，合作社が解体された後は，キムティエウ村の職人たちが農業の副業として世帯個人単位で木工品の生産を続けていたが，その販路を開いたのが，ドンキの住民たちであった。ホーチミンにドンキからの移出者のコミュニティがあり，そのネットワークをとおしてキムティエウ村の製品がホーチミンへ，ホーチミンを経由してカンボジアやラオスへ，のちに台湾，香港，マレーシアなどへと輸出されるようになった。

状況が大きく変化したのは，1991年の中国との国交正常化がきっかけである。国境貿易が解禁となり，ランソン省の国境の町ドンダン（Đồng Đăng）のタンタインという市場で中国向けの木彫品の販売が始まった。そして，中国人バイヤーからの木工家具の生産依頼が増加し，その生産がフォンマック，さらにドンキにも広がった。中国向けの製品の生産，輸出が急増するのは1993年頃であったという。国交正常化当初は国境地帯で売買が行われていたが，その後中国人バイヤーたちが短期でベトナム国内に移動できるようになり，ドンキが中国向け木工品の取引の中心となり，さらにドンキでは自らも生産に乗り出す商人たちが増えていった。

そしてベトナム国内での需要も拡大していくと，生産が需要に追いつかないドンキの生産者たちは，フォンマックへの製品や部品の委託生産を増やしていった。これによりドンキとフォンマックの家内企業間の分業関係も形成されていった。さらに，2001年にはドンキに12ヘクタールの小規模工業団地（ドンクアン工業団地）が建設され，大規模に生産を行う家内企業が出現するようになった[4]。

フオンマック（キムティエウ村）の木工職人たちは，合作社解体後はドンキの商人への販売あるいはドンキの製造業者からの生産委託により完成品やパーツの生産を拡大していったが，その後中国人バイヤーたちがフオンマックの製造業者からも直接買い付けるようになる。このようにして，ドンキとフオンマック，そしてそのふたつのあいだに位置するフーケー（Phù Khê）にまたがる地域全体が木工家具生産の集積地となった（現在でもドンキの商人をとおしたフオンマックやフーケーの木工品の販売は行われている）。

　2015年の調査時点で，ドンキで木工品の製造・販売を行う事業所として登録されている企業，合作社，家内企業は合計で約140ある。一方フオンマックでは，販売より製造をおもに担っている家内企業が多い。社にある約3700世帯のうちの90％ほどの世帯が木工品製造に携わっており，製品や機械の販売を行っている世帯も200戸ほどあるという。ただし，事業所登録をしている家内企業は10％程度であり，人民委員会で正確な数は捕捉できていない。なお，フオンマックでも，2013年から3つの小規模工業団地の造成が開始されている。

3．新たな生産地の形成

　ドンキが木工品の製造・販売の集積地となる過程で，その製造業者や販売者が生産（あるいはその一部）をフオンマックに委託したことはすでに述べたが，現在ではドンキやフオンマックの家内企業による他地域への外部委託がさらに広がっている。タイグエン省やバクザン省，ハノイのドンアイン県の職人が請け負っているという。

　そのなかでも，ひとつの大きな生産拠点になりつつあるのは，カウ川を挟んでバクニン省と接する，バクザン省ヒエップホア県のいくつかの村である。これらの村では，それまでドンキやフオンマックで働いていた職人たちが独立し，木工家具生産を始めた。そして他の職人たちも村に帰ってこれらの家内企業で働くようになり，さらに学校を卒業したばかりの経験のない若者た

ちも参入し，木工職人の数がしだいに増加していった。

　筆者が2014年から2015年にかけて調査を行ったヒエップホア県チャウミンでは，まず2005年頃からゴックリエン（Ngọc Liễn）村の住民数人が木工家具製造を開始し，2013年からその数が急増し，最大で120戸以上の世帯が家内企業を興した（調査時点では80戸に減少していた）。2013年からはゴーフック（Ngọ Phúc）村でも木工家具製造が開始され，こちらも調査時点で120を超える世帯が経営する小規模な工房が操業していた。

　これらの村には木材市場がないため，木材はドンキ周辺の市場まで出かけて調達している。また，螺鈿細工のある家具は，チャウミンでは製造されていないという。コンピューターを備えたNC（数値制御）彫刻機を所有して，機械彫刻の工程のみを請け負う家内企業も出始めている（NC彫刻機については後述）。これらの新たな家内企業（そのほとんどは事業所登録をしていない）でつくられた製品は，おもにドンキの製造業者や商人に買い取られ，「ドンキの木工家具」として販売される。それ以外にも，中国人の商人たちが村まで買い付けにやってくるという。

第2節　生産・販売体制とその変化

1．生産工程と分業

　本項では，ドンキやフオンマックで生産される主製品である木工家具に焦点を当て，その製造工程をみていく。その前に，材料となる木材について短くふれておこう。木工品，とくに木工家具で最も多く使われているのは香木（gỗ hương）と呼ばれる木である。国内産の香木はすでに枯渇しており，この地域で使用されているのはタイ，ラオス，カンボジアからの輸入木材がほとんどである。香木以外では，紫檀（gỗ cẩm lai），マホガニー（gỗ gụ）なども材料として使われている。フーケーに大規模な木材市場があるが，ドンキ，

フォンマックにも木材市場はあり，この地区の木工品製造業者はここで木材を購入する。

　仏像，芸術的価値の高い調度品などは，職人や「芸術家」（nghệ nhân あるいは nghệ sĩ）が1人で作成する場合もあるが，木工家具の場合は，いくつかの工程に分業された生産体制が観察できる。たとえば椅子であれば，脚，台座，背もたれ，肘掛といったパーツがつくられ，それが組み付けられ研磨され，さらに塗装される。また，製造される製品のなかにも，脚や背もたれに彫刻が施されているもの，背もたれに螺鈿細工が施されているもの，装飾がまったくないものなどさまざまなバリエーションがある。

　各パーツはそれぞれ専門の家内企業でつくられる場合が多い。このようなアダム・スミス的な原始的ともいえる社会的分業が生産効率を上げる一般的な方法である。通常，各パーツは組み付け専門の家内企業からの委託により生産される。しかし，たとえば委託注文が少ない場合や，同じようなパーツをつくる他の家内企業に大口の注文が入り急遽依頼があった場合などには，パーツを融通し合うこともあるという。このような村内の社会ネットワークをとおしたパーツの融通で，生産調整がなされているようである。

　木工家具の製造過程は大きく6つの工程に分けられる（図5-1）。まずは，大きいものは1トン以上ある材木から家具の各パーツに沿ったサイズの材木に切り出す工程である。材木市場で小サイズにカットされた木材を入手する場合もある。つぎに，その木材をパーツごとに整形し，それに彫刻を施す工程である（とくに机や椅子の脚など）。彫刻は2工程に分かれる場合（基本的な彫刻を施し，つぎに仕上げの細部の彫刻を施す）もある。そしてそれらのパーツを組み付け，研磨作業を行う。これらの工程をすべて手掛けるのは大規模な家内企業に限られる。また，ベトナムで塗装までして完成品を製造する場合もあれば，最後の仕上げの塗装工程のみは中国で行うという場合，組み付けをせずにパーツの状態で中国に輸出するという場合など，さまざまなケースがある。

　また，近年 NC 彫刻機を購入し，椅子の背もたれやたんすの扉などの平板

図5-1　木工家具の製造工程

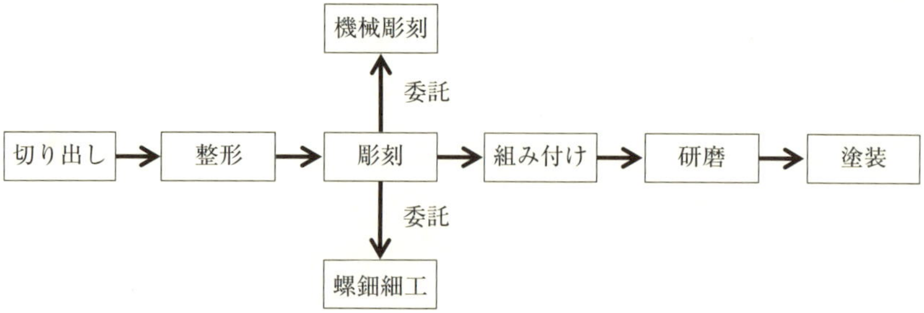

```
                        ┌─────────┐
                        │ 機械彫刻 │
                        └─────────┘
                             ↑
                            委託
┌───────┐  ┌──────┐  ┌──────┐  ┌──────────┐  ┌──────┐  ┌──────┐
│切り出し│→│ 整形 │→│ 彫刻 │→│ 組み付け │→│ 研磨 │→│ 塗装 │
└───────┘  └──────┘  └──────┘  └──────────┘  └──────┘  └──────┘
                            委託
                             ↓
                        ┌─────────┐
                        │ 螺鈿細工 │
                        └─────────┘
```

（出所）筆者作成。

部の彫刻を行う家内企業が増加しつつある。NC彫刻機による彫刻作業は，それまでの手作業での製造とは比較できないほど作業スピードが速く，かつ均一の製品が製造できるものの，板状のものにしか彫刻できないため，その役割は家具生産全体のなかでは限定的である。

　NC彫刻機を所有する家内企業は機械彫刻だけに特化し，他の事業者から委託を受けて彫刻を行う（機械彫刻をしたものの上にさらに手作業で彫刻を加える場合もある）。また，製品によっては螺鈿細工のパーツをもつ場合もある。螺鈿細工を行う工場に委託する場合もあれば（ドンキやフオンマックの場合もあればチュエンミーの家内企業に委託する場合もある），螺鈿細工職人のグループを雇ってこの工程を内生化している家内企業もある。

2．職人と技術

　ドンキやその周辺の村では，たとえば螺鈿細工のチュエンミーに比べ，同じ伝統工芸品といっても，生産される製品は家具など大型のものが多いため，経営規模が大きく，雇用される職人も多くなる。複数の工程を抱える比較的規模の大きな家内企業の場合，鉄鋼専業村のチャウケーと同様，家内企業内で分業の工程ごとに職人のグループが作業を行う。住宅の一角を工房にあて

写真1：テーブルの脚に彫刻を施す職人たち。20種類以上のノミを使っている。

(2014年10月　筆者撮影)

て作業することが可能であった螺鈿細工とは異なり，ほとんどの家内企業は専門の工場を構えている。

　木工家具製造のいくつかの工程のうち，研磨作業は高度な技能が不要とみなされており，日雇い労働者が行う。彫刻がない部分は電動工具で研磨するが，彫刻のある部分は紙やすりを用いて手作業で研磨を行う。一方，切り出し職人，整形職人や彫刻職人は専門の技能が必要とされる。切り出し・整形作業は据え付け型の電動糸鋸や電動工具（研磨機，丸鋸など）を用いて大まかな形を切り出し，ノミや槌といった伝統的に使われてきた道具を用いて仕上げを行う。

　彫刻作業は，NC彫刻機で行う平板部分を除けば，機械に代替させることが困難あるいは非効率であるため，伝統的に使われてきたさまざまな形の彫刻ノミを用いて手作業で行う（聞き取りを行った世帯のひとつでは，20種類も

の彫刻ノミを使用していた)。これらの作業では，長さや幅の計測はするものの，設計図もみずにほぼ同じサイズと形のパーツを整形し，いくつものパーツに下書きもせずに同じ模様の彫刻を施していく。

　ドンキやフォンマックで働く職人には，他の省から日帰り，あるいは移住（短期移住も含む）でやってくる者が多い。とくに整形と彫刻職人は，バクニン省に隣接するバクザン省ヒエップホア県やヴィエットイエン（Việt Yên）県の住民が多い。ヒエップホア県のさまざまな農村の労働者たちが，家族や親類，友人を頼ってドンキやフォンマックに仕事をみつけにやってくる。

　また，職人以外にも，他の農村から多くの労働者たちがやってくる。彼らの多くは，ドンキにもフォンマックにもある労働者市場（いちば）と呼ばれる場所に集まり，毎朝その日の日雇い仕事をみつける（研磨職人もそのほとんどは労働者市場で仕事をみつける）。日雇い仕事を行う労働者（一般的に「自由労働者」と呼ばれる）には２種類あり，たとえばドンキ周辺に運ばれてくる木材を木材市場や各工場へ運ぶ際に，トラックへの積み込みと荷下しを行う荷役労働者たちなど，特定の仕事に限定して仕事を探す労働者と，その日により仕事の内容が変わるさまざまな雑用仕事の労働者である。前者は後者より賃金は高いという（Nguyen Phuong Le 2011, 107）。

　ただし，外部からの労働者の流入の状況を正確に把握することは大変困難である。ドンキ坊人民委員会はおおよその数字も把握していない。フォンマック社人民委員会の幹部によれば，日帰り労働者が数千人，簡易宿泊施設への宿泊による短期の滞在も含め，社外からの滞在型の労働者は400人程度であろうと思われるが，しかし実数の把握は困難とのことであった。

　筆者は，ドンキ坊の公安の協力により，社外からの労働者の新規滞在登録名簿を部分的に閲覧することができた（ただし，移入時の記録だけであり，移出時の記録がないため，ストックとして何人の労働者がいるのかは不明である）。2014年１年間で104人の労働者が新規滞在登録をしており，残念ながら公安からはその数を正確にカウントさせてはもらえなかったが，木工関連の職人が半数以上を占め，そのほとんどはヒエップホア県の住民であった。また，

残りの半分のうちの多くはハノイ市フースエン県の螺鈿細工職人であった。

3．中国人商人の存在

　ドンキ・フォンマックの木工品の製造・販売において，中国人の商人の存在は不可欠となっている。中国人商人たちは，以前は中越国境の市場で取引をしていたが，筆者の調査の頃には，数多くの中国人商人がこの地域に滞在していた。ドンキ坊公安の記録によると，2014年には183人の中国人が滞在登録を行っている。ドンキには宿泊施設が4つしかなく，ドンキに滞在する中国人商人の数はフォンマック，フーケーより少ない。フォンマック社人民委員会が把握しているところでは，2014年に約850人の中国人商人が滞在登録を行っている。ただし，2015年1月～11月の記録では，中国人滞在登録の数は23人へと激減していた。これは，同年の中国経済の減速の影響を受けたものと考えられる。

　彼らの多くは木工品を中国に輸出する商人たちである。短期でやってきてスポットで買い付けていく商人と，中国から電話やeメール，ファックスで注文し，検査と引き取りをかねてやってくる商人がいる。さらに，中国の電動工具や大型の機械（クレーンやNC彫刻機など）をこの地域の経営者たちに販売している者もいる。機械を販売する業者とともに中国人技術者もやってくる。販売した機械の使い方の指導と故障の際の修理を行っているという。

　彼らは最大3カ月有効のビザで入国しており，その多くは低価格のホテルに泊まり，年に1回から数回のペースで訪れるが，なかにはドンキやフォンマックに自身の工場や販売店舗をもち，ベトナムをベースとして働き，ビザの更新のために3カ月に一度帰国する者もいる。2015年の調査時点で，フォンマックには中国人が常駐している工場が3軒，機械販売店が4軒あった。フォンマックの中国人専用ホテルの経営者によると，彼らは広西チワン自治区，広東省，福建省，四川省，浙江省などからきているという。2015年の調査時には，ランソン省の中国国境（友誼関）とフォンマックを結ぶ1日2便

のシャトルバスまで出ていた（民間企業が運営している）。

第3節　技術の導入・受容における制度的工夫

1．機械導入における技術的適応

　木工家具生産を機械化するにはコストがかかること，そして製品によっては手作業が必要な部分（たとえば椅子の手すりなどの曲線部分の切り出しや立体的な彫刻）があることから，ドンキ・フォンマックの家内企業はすべての工程を機械化することはせず，手作業による工程と組み合わせて，生産工程の一部のみを機械化している。
　機械を導入するといっても，その際にはコスト以外にも問題があり，その問題を克服するための技術的な工夫がなされている。まず，大型でコストがかかり使用用途も狭い専用機を使わず，できるだけ多くの作業を汎用機械で行うという工夫である。使われるのはおもに手持ちの電動工具や据え付け型のものでも糸鋸などの小型の機械である。とくに手持ちのグラインダー（回転軸に砥石や丸鋸をつけて使用するもの）は，アタッチメントを替えれば切断，整形，研磨などの多用途に使える万能工具である。専用の生産ラインも組まない。使用されているこれらの機械は，以前は中古のものが多かったそうであるが，近年では新品の輸入品（おもに日本製）を購入することも決して珍しくない。また，電動鋸などの据え置き型の機械のなかには，ベトナム製（国有企業製）の新品の機械もある。さらに，これらの機械に改造を加えたり，手製のアタッチメントをつけたりして，別用途で使用するという工夫もみられる。たとえば，手持ちのグラインダーを台に固定し旋盤として使うといった具合である。
　木工専業村で近年起こった最も大きな「技術革新」は，NC彫刻機の導入であった。NC彫刻機で彫刻を行う場合必要とされる技能や知識は，旧来の

第 5 章　木工専業村における技術移転　119

写真 2：NC 旋盤で彫刻した家具のパーツ。

（2015年12月　筆者撮影）

手作業による技能や知識とはまったく異なる。整形作業や手作業の彫刻を行う職人たちに求められていたのは，手先の器用さや設計図もみず下書きもせずに，ほぼ同じサイズと形のパーツを整形し同じ彫刻を施す（そしてそれを短時間で数多くこなす）技能であった。一方，NC 彫刻機を扱う職人たちには，コンピューターによるデザイン（正確にはデザインの選択）やコンピューターの操作，そして消耗品（彫刻の刃の部分）の取り替えなどの技能や知識が必要となる。

　さらに，NC 彫刻機を扱うには，ほかにも特別な技能が必要である。ドンキやフオンマックでみられる NC 彫刻機は，すべて中国から輸入されたもので，ほぼすべて中国語のソフトウェアがインストールされており，ディスプレイにも中国語の表示しか出てこないものであった。機械を購入した代理店や中国人技術者たちは機械の使い方を指導はするが，ベトナム語のマニュア

ルまでは作成しない。そこで，NC 彫刻の職人たちに必要な能力は，操作手順を記憶することである。彼らは中国語がわからず，コンピューターや彫刻機の構造がわからなくても，どの場合にコンピューター画面上のどの部分をクリックすればどの作業ができるという手順を記憶し，彫刻機を使いこなしている。さらに，試行錯誤で新たな操作手順をみつけて，技術者に指導されていない使い方もできるようになるという[5]。

2．技術導入と雇用慣行の変化

ドンキやフォンマックの家内企業では，細かい分業体制のなかで，労働者たちは職種や経験によって異なる賃金や条件で雇用されている。研磨職人は最も技能レベルが低いとされ，賃金も一番低い。固定給であり，日給で払わ

写真3：フォンマックに木工家具の買い付けに来る中国人商人。

（2014年10月　筆者撮影）

れるが，たとえば大型の家具の研磨の場合などは「2日間で仕上げ」という条件で，仕上がり後に2日分の給料が支払われるといったケースもある。また，農繁期には30％程度賃金が高くなる。

筆者による聞き取りの範囲内では，彫刻職人はほぼすべて出来高払いであった。たとえばテーブルの脚の部分に彫刻を施す場合，彫刻する脚の本数1本につきいくらという賃金体系である。彫刻職人が最も給料が高いとされているが，経験や技能，製品の種類などによってその額は大きく異なる。切り出し・整形職人の場合，出来高払い賃金の場合と固定給の日給払いの場合がある。これに，売上によっては年末ボーナスが加わる場合もある。これらの職人には，おもに半年程度，長ければ1年以上の見習い期間があり，この期間は住み込みの場合は雇い主から宿泊と食事の無償提供はあるが，給料は出ない。生産されている製品は異なるが，鉄鋼専業村チャウケーの雇用慣行とほぼ同じである。

2010年代に入り，NC彫刻機が数多く導入されるようになったが，このことは，ドンキやフオンマックの労働環境を大きく変えつつある。それは，NC彫刻機による彫刻を一部に施している製品を製造する家内企業のあいだで，整形職人や組み付け職人の固定給制への移行が進んでいることである。手作業の彫刻職人のあいだでは，出来高払いがまだ一般的であるが，それでも，比較的規模の大きな，整形，彫刻，研磨などの複数の工程を抱える家内企業の一部には，固定給に移行する家内企業が出始めている。

経営者たちへの聞き取りによると，まず，現状ではNC彫刻機の数が限られていることもあり，機械彫刻のペースに全体の作業ペースを合わせる必要があるため，出来高払い制にして作業速度を上げるインセンティブを付加する必要がないことが，固定給に移行した第1の理由である。そして，まったく同じ彫刻を正確に行うNC彫刻機の導入により，製品の規格が揃うようになると，「同じもの」に求められる精度が高くなり，丁寧な作業がより重要視されるようになる。出来高払いでは丁寧な作業を行うインセンティブが阻害されることがもうひとつの理由である。経営者のプライオリティが生産の

速度より製品の品質（精度）の確保に変わることで，雇用慣行も変化したのである。

小括

　本章ではまず，ドンキが木工品の生産販売拠点となり発展していく過程をみた。経済の自由化を機にホーチミンや他の東南アジアの市場にフオンマックの木工品の市場を開拓し，つぎに中国市場へのアクセスを獲得したのは，ドンキの商人であった。市場の拡大により，ドンキでは販売だけでなく，木工品の生産も行われるようになった。さらに，国内向けの需要の拡大もとらえることで，フオンマックではなく，ドンキが木工品の専業村として国内外

写真4：整形，彫刻，組み付けの複数の工程をもつ比較的規模の大きな家内企業。
（2014年10月　筆者撮影）

から認識されるに至った。その過程では，職人や商人の移動をとおして木工品の産地と市場が地理的に移動・拡散していった。ドンキの商人や家具の生産者たちが隣接するフォンマックに製造工程の一部や生産を委託する形で，ドンキとフォンマックのあいだの分業体制も形成されていった。さらに，(第4章で取り上げた)チュエンミーの螺鈿細工の職人たちとの協同・分業体制も形成された。近年では，ドンキ周辺に出稼ぎにきた職人たちの出身地であるバクザン省の村にも委託生産が広がっている。

　本章では，おもに技術面の変化についてみたが，木工品生産の拡大過程では，専業村を越えて技術を移転する役割を担った職人たちの存在が重要であった。自分の村で養われた特別な技能をもった職人が他の地域へ移住したチュエンミーの螺鈿細工のケースとは逆に，ここではドンキやフォンマックで木工の技能を獲得したバクザン省の村の職人が，資本を蓄積して自らの村に帰りビジネスを始めることで，木工品の生産が地理的に拡大するというケースであった。

　また，本章では，ヒト（職人）ではなくモノ（機械）の移入が技術移転をもたらした点にも注目した。ただし，新たな機械が導入されれば自然に生産性や品質が向上するわけではない。ドンキ・フォンマックの家内企業の経営者や職人たちは，用途外の目的で機械を使用したり，機械を改造したりといった工夫を加えていた。また，NC彫刻機のようなまったく技術体系の異なる機械も，機械の構造を原理的に理解せずとも，操作手順を記憶することで使いこなすことができていた。

　外来の機械を導入して工夫をしながら使いこなしている例は，他の専業村でも頻繁に観察される。第2章で紹介した鉄鋼専業村チャウケーでは，とくに電炉業と圧延業の経営者たちは，国有企業からの払い下げの機械，転業する村内の他の家内企業から購入した機械，自ら輸入した中国などからの輸入中古機械などを組み合わせ，さらに労働者たちの技能も組み合わせて生産を行っていた。

　また，ドンキとフォンマックの調査からは，機械が導入されると求められ

る技能が変わり，それにともない雇用慣行が変わるという興味深い現象も観察された。ただし，旧来の技術の仕事と旧来の雇用慣行が急速に失われているわけではなかった。経営者が労働者の数や労働条件を変えながら，労働と機械の理想的な組み合わせを模索し，生産性を向上させようとする工夫をしているとみることができよう。機械と労働は単純にコストの面から代替関係にあるわけではなく，機械の導入により求められる技能が変わり，それにともない労働市場が徐々に変化していくという現象であり，労働と資本とのより複雑な関係について考えるヒントになる。専業村の家内企業を技術的に「遅れた」存在と決め付けず，どのような家内企業がさらに技術力を高められるのか，そのための外的要因は何かを考察することは，今後の重要な研究課題となる。

〔注〕
(1) ドンキとその周辺で生産される木工品は，たとえばたんすやテーブルなどの調度品では彫刻が施されているものが一般的であり，それ以外の仏像や七福神の置物なども含め，「美術木工品」（đồ gỗ mỹ nghệ）と呼ばれている。
(2) これらの技術論の系譜については，吉田（1986），菰田（1987）などを参照のこと。
(3) 筆者は，ドンキでは2015年に1回調査を行い，フォンマックでは，2013～2015年のあいだに4回聞き取り調査を行った。チャウミンでは2014～2015年に2回訪問し，2014年には184世帯を対象としたおもに労働に関する質問票調査を行った（調査結果は第6章で分析する）。
(4) ドンキでは2013年から10ヘクタールの第2工業団地が建設され，さらに2014年から68ヘクタールの大規模な工業団地の建設が始まっている（これらの工業団地は筆者の調査時にはまだ建設中であった）。
(5) 後発の木工品生産の集積地であるバクザン省のチャウミンでは，ドンキやフォンマックでみられるものよりも新しいNC彫刻機も導入されていた。2015年調査時の聞き取りによれば，ドンキの家内企業で使用されているNC彫刻機の価格は1億7000万ドンから2億ドンであったのに対し，チャウミンで使用されていたNC彫刻機のなかにはベトナム語のソフトウェアで価格も2億5000万ドンする，より精緻な彫刻ができる機械があった。

第 6 章

誰が家内企業で働いているのか？

—— 専業村近隣農村の労働市場 ——

チャウミンの社人民委員会前。チャウミンは農地が総面積の88％を占めているが，多くの世帯は非農業収入が生計の柱となっている。　　　　　　　　　　　　（2014年 8 月　筆者撮影）

はじめに

　これまでみてきた鉄鋼専業村のチャウケーでも木工専業村のドンキとフォンマックでも，事業が拡大するに従い村内の住民では労働需要を満たしきれなくなり，村外からの数多くの労働者を受け入れることによって労働力の不足分が埋め合わされていた。本章ではこれまでの章とは異なり，これら村外の労働者の供給源となっている農村に注目する。本章は，前章にも登場したバクザン省ヒエップホア（Hiệp Hòa）県チャウミン（Châu Minh）社における調査の結果である。チャウミンはドンキやフオンマックのあるバクニン省西部と隣接しており，これらの木工専業村に労働力を供給している。それ以外にも，2000年代後半から急速に増加したバクニン省の大規模な工業団地のなかで働く労働者も増加しつつある。ハノイにも近いため，ハノイのサービス部門での就労の機会も多い。

　チャウミン住民のどのような層が専業村の家内企業で働き，どのような層が工業団地内の企業で働く傾向にあるのか，そしてどのような層が村内で仕事をみつけているのかというのが，本章のおもな関心である。彼らが仕事をみつけるのは，教育の年数などで測ることができる人的資本が反映される労働市場においてなのか，あるいはより慣習的な，たとえば親の職業が反映されやすかったり社会的なネットワークをとおして仕事が獲得できたりするタイプの雇用先なのか，といった問題意識である。

　ただし，農村住民の就業の状況を調査時点のスポットの状況のみでとらえると，そのダイナミックな様相を見失いかねない。とくに農村住民にとっての大きな雇用先であるインフォーマルセクターの家内企業では，労働者との契約書が交わされず，労働者に資格も必要とされないケースが多いことから，雇用は流動的で，労働者は頻繁に仕事を変える。調査では，チャウミンの住民たちの過去の職業移動についても情報を収集した。彼らはどこに機会を求め，どのような戦略で職業を移動しているのか，それはどのような要件によ

り決定される（あるいは制約を受ける）のかについての考察も行う。

インフォーマルセクターという言葉が登場し一般化する1970年代は，インフォーマルセクターで働く労働者たちといえば，都市のフォーマルな部門で吸収されない農村の余剰労働力であり，受動的に特定の職業に縛られている存在であるという一面的なとらえ方が一般的であった（ILO 1972など）。「インフォーマル」という一見ネガティブな言葉に隠され，その経営者やそこで働く労働者のもつ潜在力が過小評価されていたともいえよう。

しかし，1990年代に入ると，インフォーマルセクターが不均質性な存在としてとらえられるようになる。すなわち，受動的にインフォーマルな存在を強いられている主体だけでなく，フォーマルな企業の従属的な下請けとして共存していく存在や，規制や税の徴収から逃れるために自主的にインフォーマルな状態を選択する存在もあるという事実が再認識されるようになったのである。そして彼らのあいだに「上位層」と「下位層」（Fields 1990; Maloney 2004など），あるいはフォーマルな労働市場から「自発的に退出した層」と「排除された層」（Perry et al. 2007など）といった階層化が生じているという見方が示されるようになる。その後，2000年代に入ると，インフォーマルセクターの労働者たちの職業やステータスの「移動」（mobility あるいは transition）に注目が集まるようになる。1人の労働者が生涯フォーマル，あるいはインフォーマルな仕事にとどまるとは限らず，フォーマルとインフォーマルのあいだを，あるいはフォーマル・インフォーマルの内部の異なる階層のあいだを移動するという考え方である。

ここで興味深いのは，必ずしもフォーマルセクターへの移動が彼らに選好されるとは限らないという事実である。たとえば，低賃金のフォーマルセクター企業での雇用労働から，自らビジネスを起こして「上位層」のインフォーマルセクターに移動し高い所得を得る上昇移動も広く行われていることが先行研究から明らかになっている（Gagnon 2009; Bacchetta, Ernst, and Bustamante 2009など）。

おもにラテンアメリカやアフリカが中心的な事例となっているこれらのイ

ンフォーマルセクター研究では，職業移動の決定を行う主体が個人と想定されている。一方，ベトナムでは，職業選択や労働力の移動において，世帯単位の厚生向上のための労働分配という要素が観察される（Oudin 2009; Hy Van Luong 2009）。とくに北部の農村部で，複数世代の同居はいまだに一般的ということもあり，世帯の戦略として世帯員の誰かがインフォーマルな家内企業で働くことを選択するということも考えられる。チャウケーの住民の職業の選択や移動の決定に世帯の選択が反映されているのかどうかについても注目する。

　本章は，本書のこれまでの章とは異なり，「専業村」における労働や経営のみを対象とした分析ではない。専業村や専業村と認識されていない農村部，そして都市部（ハノイ）も含めて，家内企業で働いているのは誰か？というのが本章の設問である。チャウミンの外の家内企業に働きに出ている者のほとんどはドンキやフォンマックの木工関連の職人であるが，調査対象のなかには他の専業村（アルミリサイクル村のヴァンモン Văn Môn）に行く者や，木工職人でもドンキではない場所で働く者なども含まれていた。そのため，「専業村で働く労働者」ではなく，「家内企業で働く労働者」を特定することとした。調査では，チャウミンの内外は区別したが，チャウミンの外の場所は正確には特定しなかった。

　本章では，筆者がチャウミンで2014年に実施した質問票調査の結果の分析から，まず，世帯の労働供給の戦略に大きく影響する農業の状況，すなわち世帯の所得をどの程度農業に依存しどの程度の労働力を農業に投入しているのかをみる。つぎに，非農業部門の労働者の属性と職業との関連，そして世帯内の労働力分配の状況を分析する。さらに，職業の移動の様相を明らかにする。ここでは，個人の職業の移動と世代間移動というふたつの面からみていく。

第1節　調査の概要

1．チャウミンについて

　本章の調査対象であるチャウミンは，バクザン省の西の端に位置している。バクザン省は統計上の行政区分では「北部山岳」地域に属するが，チャウミン社のある西部は低地で，経済・社会的状況や景観などから，むしろ紅河デルタの一端と考えたほうがよいであろう。チャウミンは5つの村から構成され，2012年の社の経済社会発展報告によれば，人口9970人，世帯数は約2047である。紅河デルタ地域の平均的な社より人口規模の大きい社である（2014年の紅河デルタの社レベルの行政単位の平均人口は8424人，バクザン省の平均は7063人であった）。総面積1203ヘクタールのうち農地が1060ヘクタール（88.1％）を占める，都市化・工業化がまだ進んでいない北部の農村のひとつである。

　チャウミンには農業以外に主要な産業はないが，筆者が調査を行う3年ほど前から木工家具生産を行う世帯が増え始め，調査時点で200戸程度の世帯が木工家具生産に関連した経済活動を行っていた。第5章ですでに述べたとおり，バクニン省のドンキ・フオンマックの家内企業から独立した家内企業である。

　また，チャウミンはバクニン省西部とハノイの北部ソクソン（Sóc Sơn）県に隣接しており，多くの住人はバクニン省やハノイで非農業労働に従事している。バクニン省には大規模工業団地が複数あり（チャウミンから最も近いイェンフォン工業団地は社から6キロメートルほどしか離れていない），外資企業も多く，チャウミンからそれらの企業に働きに行く者も多い。おもに韓国企業の相次ぐ進出によりバクニン省の工業団地での雇用が急拡大するのは2010年代に入ってからのことであるが，それまでは，専業村，とくにドンキやフオンマックで働く者が多かった。また，バクニン省やハノイ以外にも，バク

ザン省内の工業団地や，計画経済時代から鉄鋼産業で栄え北部山岳地域で最も工業化が進んでいるタイグエン省タイグエン市，中部，南部の省で働いている住民も多い。省外で非農業労働につく場合，移住あるいは暫定移住の形で出稼ぎに出る者もいるが，バクニン省やハノイなどでの労働の場合，労働者のほとんどはバイクで通勤している。

　質問票調査は，2014年，社の全5村からランダムサンプリングで抽出した184世帯を対象に実施した。これに加え，質問票調査対象者のなかから，社外で雇用労働についている世帯員のいる世帯からランダムに10世帯を抽出し，聞き取りによる調査を行った。おもな質問項目は世帯に関するもの（世帯構成，世帯員の属性，世帯所得，世帯構成員の職業，農地・農業に関する情報）と，世帯内の非農業部門の労働力に関するもの（就労先，職業），そして世帯主の職業の履歴も質問した。

　調査対象世帯の概要は表6-1のとおりである。平均世帯人数は5.02人である。2009年人口センサス結果によれば，ベトナムの全国平均世帯人数が3.8人，

表6-1　調査対象世帯の概要

サンプル数	184世帯
平均世帯人数	5.02人
世帯構成	
1世代居住	16世帯（うち独居5世帯）
2世代同居	81世帯
3世代同居	80世帯
4世代同居	7世帯
世帯主	
男性	160人
平均年齢	49.4歳　最大84歳　最小24歳
平均就学年数	7.8年
年平均総収入	7,869万ドン
平均農外収入	6,566万ドン
農外収入のある世帯	171世帯
平均保有農地面積	0.24ヘクタール

（出所）　調査結果より筆者作成。

農村世帯に限っても3.9人（GSO 2010）であることから，調査対象世帯には比較的大家族が多いといえる。調査世帯のなかで，3世代以上同居の世帯が約半分を占める（4世代同居も7世帯ある）。このことが，世帯人数が多い要因である。その一方で，1世代のみ居住している世帯も16世帯あるが，1世帯を除き世帯主の年齢が40〜70代であり，彼らはおそらく子育てを終えた世代であると考えられる。このなかには独居高齢者も5人含まれている。

2．農業と農業労働

本調査の対象184世帯のなかで，9世帯を除いた175世帯が農業を行っている。主たる生産物はコメである。農業を行っている175世帯すべてでコメ生産が行われているが，コメはおもに自家消費用であり，販売しているのは65世帯しかない。もっとも，商業的なコメ生産を行っている世帯でも7トン生産し3.5トン販売するという規模である。平均のコメ生産量は世帯当たり2.3トンであるが，そのうち販売にまわしている量は平均で577キロであった。ただし，世帯により販売量のばらつきは大きく（標準偏差1008），一部の世帯だけが販売を行っていることがわかる。社で生産されるコメ以外の主要な農産物はタバコ，ニンニク，玉ねぎ，落花生であるが，調査の回答ではこれらを生産している世帯も少なかった（それぞれ25世帯，16世帯，17世帯，19世帯のみであった）。

農業を行っていない世帯も含め，調査対象世帯のなかでは1世帯を除きすべて農地を保有している（農業を行っていない世帯の場合，子どもや親類に有料，無料で貸し出している）。平均保有農地面積約0.24ヘクタールは，紅河デルタ地域では平均的な大きさである。

労働の面からみると，コメ生産はもはや世帯内の大きな労働投入を必要とする経済活動ではない。コメ生産の場合，耕起，田植え，稲刈り時に集中的に労働力を必要とするが，ベトナムでは，農業の機械化だけでなく，近年では農業労働の外部委託化も進んでおり，あまり多くの家族労働の投入を必要

としない。耕起はトラクターを保有する世帯に委託するケースが多く，自家労働を投入して耕起を行っている世帯は21世帯しかない（自家労働のみで作業をしているのは14世帯）。田植えは自家労働が中心となるが，田植えに人を割くのべ人・日数は冬春米，夏秋米の2期作合わせても平均で13人・日である[1]。自家労働を投入せず雇用労働のみに頼っている世帯も27世帯ある。稲刈りは自家労働に雇用労働をあわせて行うケースが多いが，雇用労働のみで行う世帯は田植えよりさらに多く，85世帯に上る。自家労働の平均のべ人・日数は9人・日と，田植えより少ない。耕起，田植え，稲刈りに施肥と除草作業を加えても，2期のコメ生産にかかる圃場での作業に投入する自家労働は平均で年間のべ43人・日にしかならない。

　一方，野菜・果物を生産している世帯は49世帯と少数ではあるが，その生産にはより多くの日数の作業が必要となる。野菜・果物を生産している世帯に限定した平均作業人・日数は159ある。ただし，少数の世帯のみが野菜・果物生産に世帯内の多くの労働力を振り向けており，生産物や生産規模に労働投入量は世帯間で大きく異なる（標準偏差123，最大450人・日，最小2人・日）。

　最も多くの労働人・日を投入しているのは「家畜（牛，豚，鶏）の世話」である。116世帯が家畜を飼育しており，労働投入を「365人・日」と回答している世帯が多い（107世帯）。ただし，商業的に大規模な畜産を行っている世帯はなく，日々必要とされる作業はエサやりと糞尿の処理以外はほとんどない。

　調査では各世帯の農業生産について質問しているが，農業だけでなく非農業部門の労働や世帯主の過去の職歴の経験など，幅広い情報を得ることが目的であったため，農業生産に関しては，投入物のコストや販売価格などの詳細な経営収支に関する情報は収集していない。本調査では，農業収入に関しては「諸経費を除いた金額」のみを質問している。そのため，マイナスの金額を回答する世帯もあった。また，非農業部門に関しても自己申告で年収を回答してもらっているため，回答のばらつきが大きく，所得のデータはその

正確さという面では難がある。

　そういったデータのクオリティの問題はあるが，収入面からみても，調査世帯の経済的な柱は非農業部門の活動であると結論づけて間違いない。調査世帯の年平均総所得は7869万ドンであるのに対し，平均農外収入は6566万ドンあり，これは平均総所得の83％に当たる。農外収入のある世帯数は171世帯ある。

　このように，世帯内で投入する労働力の面からみても所得の面からみても，調査対象世帯のなかで農業を中心としている世帯は少数であった。しかし，その一方で，完全に離農している世帯も9世帯とごく少数であり，しかもそのうちの5世帯は子どもからの仕送りや社会保障が主たる所得源の高齢者（65歳以上）のみの世帯（うち3世帯は独居世帯）であり，非農業部門の労働のみで生計を立てている世帯はさらに少数である。多くの世帯では農業を維持しながら世帯内の労働力を非農業部門に振り向けることで世帯の所得を向上させようという戦略をとっている。

3．非農業労働者のプロフィール

　調査世帯184世帯で，就学中の学生を除く労働年齢（15～64歳）の世帯員が合計574人（世帯当たり平均3.12人）いる。ここでは彼らを「労働力世帯員」と称する。もちろん農業や自家雇用の仕事に定年退職はなく，どの年齢までを労働力とみなすかの線引きをすることは難しいが，あくまでも便宜上，労働統計で一般的な労働年齢の上限64歳で区切る。ただし，調査では必ずしも世帯員本人が回答しているわけではないため，就学年数などに誤回答がある可能性もある（「わからない」という回答も散見された）。なお，15歳未満で（少なくともフルタイムで）労働力となっている，いわゆる児童労働のケースは本調査の回答にはなかった。

　表6-2は，調査世帯の労働力世帯員のプロフィールである。574人の労働力世帯員のうち，調査時に非農業部門の仕事をしていると回答した者（雇用労

表6-2　労働力世帯員の概要

	非農業労働あり	非農業労働なし
サンプル数（人）	287	287
男性人数（人）	182 (63%)	114 (40%)
平均年齢（歳）	31.0	43.6
平均就学年数（年）	10.0	8.1

（出所）　調査結果より筆者作成。

働および自家雇用）はちょうど半分の287人であった。非農業部門で仕事をしている者はしていない者に比べ，男性の割合が高く（63%対40%），若年層が多い（平均年齢31.0歳対43.6歳）。就学年数にはあまり大きな差はみられず，平均すると非農業部門の仕事をしている層の方が就学年数は多いが（10.0年対8.1年），どちらも高校卒業の年数（12年あるいは10年）以下となっている。非農業部門で働いていない者のなかにも大学入学以上の就学歴をもつ者はいる。ただし，調査では，大学，短大入学以上の就学年数はすべて13年とカウントしているため，実際の非農業部門で働く層の就学年数が調査結果より若干多くなっている可能性はある。

　287人の非農業部門の仕事をもっている者のうち，112人（39%）が社内で仕事をしている。そのうちの51人が「手工業職人」（thợ thủ công）と回答している。これはおもにバクニン省の木工専業村であるドンキやフオンマックでしばらく働いた後，チャウミンに帰って起業した者や，そこで働いている職人たちである。残りは建設関係（21人），商売（19人）といった仕事についている者が多い。

　一方，省の外で働いている者は154人おり，うち海外で働いている者も4人（日本3人，台湾1人）いる。省外の労働者の就労先で最も多いのは隣のバクニン省（122人）である。そのつぎに多いのがハノイの10人であることから，農外雇用の機会がバクニン省に集中していることがわかる。バクニン省では企業で働く者が92人おり，うち工業団地内の企業の就労者は58人いる。

　バクニン省などの近隣省での就労が多いことを反映して，移住をともなう

第 6 章　誰が家内企業で働いているのか？　135

写真 1：チャウミンの木工職人。チャウミンには若い職人が多い。

（2015年12月　筆者撮影）

出稼ぎ者の数は27人にとどまり，残りは「世帯主と同居」と回答している。ただし，このデータには注意を払う必要がある。鉄鋼専業村チャウケーでも観察されたように，専業村で働く者のなかには工場内や nhà trọ と呼ばれる簡易宿泊施設で宿泊し，毎週1回あるいは毎月1回といったペースで帰宅する労働者もいる。聞き取り調査の回答からも，そのような労働者のなかに「同居」と回答するケースが多かった。

　省外で働いている労働者の男女比はほぼ半分ずつで，平均年齢はすべての非農業部門の労働者の平均年齢よりさらに若い28歳になる。しかし，就学年数はすべての非農業部門の労働者の平均値と大きく変わらない。これらの結果は，バクニン省の工業団地などのフォーマルな企業で働いている層に高卒程度の就学歴の若年女子が多いことを反映していると考えられる。

第2節　非農業労働の特徴

1. 職業と属性の関係

本節では，チャウミンの労働力世帯員の就労先と彼らの属性との関係についてみていく。これは，チャウミンの住民がアクセスできる省内外の労働市場の特徴と言い換えてもよいであろう。ここでは，調査対象者の職業を，①フォーマルな企業で勤務する者，②行政組織で働く者（社人民委員会幹部，教師など），③家内企業で働く者，④自家雇用の者，に分類した。表6-3は，この4つのグループに⑤非農業部門の仕事についていない者も加えた5グループのそれぞれの性別，年齢，就学年数との関係をみたものである。なお，分析には就学年数や勤務先が「わからない」という回答が含まれていた22サンプルを除いている（合計562サンプル）。

まず，非農業部門の仕事があるグループ全体では男性が多く，年齢が若く，

表6-3　労働力世帯員の職業と属性

		非農業労働あり					非農業労働なし
		企業	行政組織	家内企業	自家雇用	(全体)	
サンプル数（人）		106	24	81	71	282	280
男性人数（人）		43	15	68	54	180	111
男性の割合（％）		41	63	84	76	64	40
年齢（歳）	平均	27.1	34.9	31.7	35.1	31.1	43.3
	標準偏差	6.2	11.7	9.5	10.5	9.5	12.8
	最大値	52	59	59	63	63	64
	最小値	17	18	18	19	17	17
就学年数（年）	平均	11.1	12.3	8.7	8.9	9.9	8.1
	標準偏差	1.9	1.3	2.5	2.3	2.5	2.6
	最大値	13	13	13	13	13	13
	最小値	5	9	1	4	1	0

（出所）　調査結果より筆者作成。

就学年数が多いという傾向がみられた（表6-2と値が異なるのは，勤務先が不明のサンプルを除いているからである）。つぎに，非農業部門の職業のなかの4グループの比較をみると，企業で働く労働者は女性で年齢が低く就学年数が多いというはっきりとした特徴がみられた。行政組織では男性で年齢が高く就学年数が多い（24人中18人は大学に進学している）。家内企業では男性が圧倒的に多く就学年数は低いが，年齢は平均値より若干高い程度である。自家雇用は男性，高年齢，低学歴という特徴がみられた。

　もうひとつの特徴は，企業で働く者は年齢，就学年数ともにそのばらつきが少なく（おもに若くて高卒以上），行政組織で働く者は年齢のばらつきは大きいものの，就学年数のばらつきは小さいことである。つまり同じような高校卒業程度の就学歴をもつ者が多い。一方，家内企業の労働者や自家雇用の者たちの年齢には幅があり，就学年数も平均すると企業や行政組織で働く者よりも少ないものの（小学校卒業未満の就学歴の者もいる），大学に進学した者もおり，属性の幅は広い。直接確認したわけではないが，この調査結果から，家内企業の労働者や経営者になることは，少なくとも就学歴を理由にフォーマルな労働市場から排除された結果とは限らないことが示唆される。

2．世帯内の労働分配

　つぎに世帯内の労働分配，すなわち世帯内の労働力世帯員のうち誰が非農業部門で働き，誰が非農業部門の仕事についていないのか（農業や家事労働，引退など）についてみていく。とくにここでは，性別による分業と世代による分業のふたつに注目する。結果は表6-4に示すとおりである。

　まず，性別による分業であるが，分析の対象となるのは世帯内に男女の労働力世帯員がいる世帯（165世帯）である。独居世帯や母と娘だけ，父と息子だけが居住する世帯は除外している。男性のみが非農業労働についている世帯の方が，男女とも非農業労働についている世帯より少ない（55対78）という結果となった。女性のみが働いているという世帯の数（7）を合わせれ

表6-4 世帯内分業

性別分業		世代間分業	
男女同居世帯	165	2世代以上同居世帯	107
男性のみ非農業労働	55	第1世代のみ非農業労働	7
女性のみ非農業労働	7	第2世代のみ非農業労働	69
男女とも非農業労働	78	第1,2世代とも非農業労働	23
男女ともになし	25	第1,2世代ともになし	8

(出所) 調査結果より筆者作成。

ば、半数以上の世帯で女性が非農業部門の仕事についているということになる。つまり、現金収入が得られる非農業労働を男性にまかせて女性は農業と家事労働に専念するといった、性別による分業は支配的な生計戦略ではなかった。

つぎに世代間の分業についてみるが、世帯主が親（義父母を含む）と同居していない場合は世帯主、世帯主の配偶者、世帯主の同居兄弟の世代を「第1世代」、その子世代を「第2世代」とする。世帯主が親と同居している場合は世帯主、世帯主の配偶者、世帯主の同居兄弟の世代は第2世代、その子は第3世代となる。ここでは、世帯内に2世代にわたり労働力世帯員のいない7世帯（子供がまだ低年齢の核家族など）は対象外とする。このように世代を定義すると、2世代以上にわたり労働力世帯員がいる世帯は107世帯あり、労働力世帯員は第1世代で305人、第2世代、第3世代は合わせて269人いる。第1世代、第2世代以下ともに世帯数の2倍以上の数字になっているのは、世帯主の配偶者も働いているケースが多いからであるが、（とくに長男の場合）結婚後も兄弟と同居するケースもある。兄弟2組の夫婦が同居している例もあった。

第1世代の労働力世帯員のなかで、非農業部門についている者とついていない者の比は103人対202人で非農業部門で働いていない者が多いが、第2世代以下（269人）になると184人対85人と、非農業部門の労働についている割合がかなり高くなる。そのなかで、第1世代が農業に従事し第2世代以下が非農業部門での仕事を得るという世代間分業を行う世帯が多数（69戸）を占

めている。つまり，農業は親にまかせて，子どもが働きに出るという世帯内分業が選択される場合が多いということがいえる。

とはいえ，質問票調査結果からは明らかにはできなかったが，非農業部門の仕事と農業，家事労働などが世帯員間で完全に分業されている世帯は少ないであろう。第3章でもみたように，省外の非農業部門で働く者も田植え，稲刈りなどの農繁期のみ農作業に参加することは決して珍しいことではないことは，あらためて付記しておく。

第3節　職業移動の戦略性

1．世帯主の職業移動

本節では，就学歴などの労働者の属性により労働市場に分断があるのかを別の角度からみていく。たとえば個人が家内企業から企業での就労へ，あるいは雇用労働から自家雇用への移動をするのか，あるいは同じようなステータスにとどまり続けるのかといった点に注目する。

調査では，世帯主がどのような職歴をたどってきたのかについての質問をした。調査では対面により調査員が世帯員の誰かに質問し質問票に記述するという対面方式をとっており，回答者がすべての世帯員の職歴をすべて正確に回答できない場合もあるため，世帯主の職歴に限定して回答を求めた。情報が限定されている，とくに男性の労働に関する情報に偏っているという点は注意が必要である。

表6-5は，世帯主が学校を卒業してからついた職業の移動の状況をまとめたものである。職業を企業・行政組織での雇用，家内企業での雇用，自家雇用，農業，軍務の5つのグループに分け，それぞれの数字はグループ間の移動の回数をみたものである。1人が複数回職業を変える場合があるため，回数の合計（218）はサンプル数とは対応していない。たとえば高校を卒業後，

表6-5　世帯主の職業移動

移動元＼移動先	企業・行政組織	家内企業	自家雇用	農業	軍務	移動なし	合計
企業・行政組織	6	1	5	6	2	5	25
家内企業	1	4	12	3	0	3	23
自家雇用	0	1	8	1	1	4	15
農業	1	17	22	n/a	5	48	93
軍務	7	3	2	49	n/a	1	62
合計	15	26	49	59	8	61	218

（出所）　調査結果より筆者作成。

親を手伝い農業を始め，兵役で軍に入隊し，除隊後村に戻り自らビジネスを始めた場合，農業から軍務へ，軍務から自家雇用へという２回分の移動が記録される。１人当たりの職業移動の平均は0.92回（最大４回）であった。軍務時に勤務地を移動している場合は移動と数えていない。

　企業と行政組織をひとつのグループにまとめるのは，行政組織に属するサンプル数が少ないことが第１の理由であるが，行政組織と企業はその労働者選抜の基準（就学歴や他の企業での就業歴などが有利に働く雇用基準）が似ており，家内企業での雇用される際の要件（雇用者や他の労働者との人的ネットワークの有無や経験，技術が有利に働く雇用基準）や自家雇用を選択する際の戦略と明らかに異なると考えられ，このふたつの職種をまとめることに問題はないであろう。

　まず表から読み取れるのは，農村住民であっても職業移動は珍しいことではないという点である。職業を移動していない者は（無回答２とずっと障害のため無職と回答した１サンプルを除く）184人中61人と，３分の１であった。しかもそのほとんどは農業のみに従事してきた者である。職業移動が頻繁にみられるひとつの原因は，ベトナムには徴兵制度があり，男性がそのキャリアの途中で２年程度の兵役につく場合が多いからである。移動のなかで最も多いのが軍務から農業への移動である。学校を卒業し若いうちに兵役につき，除隊後家族の農業を手伝う，というケースが多い。除隊後に非農業部門の仕

事につく場合でも，すぐに仕事がみつかるわけではなく，いったんは農業に従事している場合も多い。農業への移動は，雇用労働からの場合もあるが，これは高齢化や子世代の非農業部門での就労による退職によるケースが多い。

　もうひとつの大きな移動先は自家雇用，そして家内企業での雇用労働である。とくに，（学校を卒業後すぐにあるいは兵役から除隊後に）いったん農業に従事した者が非農業部門での職を得る場合，そのほとんどは企業や行政組織ではなく，家内企業での雇用労働か起業して自家雇用者となる道を選んでいる。また，自家雇用への移動のなかには，家内企業や製造業企業で雇用されているあいだに技能と経験を蓄積し，独立するというパターンも目立つ。そのため，自家雇用に移動する際に業種を変えるケースは（企業，行政組織，家内企業を含む）雇用労働からの移動17件のうちの2件しかない。その一方で，自家雇用から自家雇用への移動の場合のほとんど（8件中7件）は異業種への転換である。

　本調査が示唆するのは，企業および行政組織とそれ以外のあいだに労働市場の分断があるということである。いったん家内企業で雇用されるか自家雇用の道を選んだ場合，その後のキャリアの選択肢として企業や行政組織での雇用労働に転じるケースはほとんどない。家内企業での雇用労働も，たとえば木工などの特定の技術を身につけ，その技術や経験を生かして他の家内企業に移動したり，独立したりしているケースが多いと考えられる。フォーマルな企業や行政組織での雇用につかない場合には，起業が経済的・社会的な地位の向上の有効な手段であることを示している。

2．世代間職業移動

　つぎは，世代間の職業移動についてみていく。親の職業がどの程度子の職業に影響しているか，あるいは親世代と子世代で労働市場にどのようなちがいがあるかをみることが目的である[2]。対象とするのは，①2世代以上同居の世帯で，②子世代の職業がわかり，③子世代の世帯員が学校を卒業すると

表6-6　世代間職業移動

親世代＼子世代	企業・行政組織	家内企業	自家雇用	非農業なし	合計
企業・行政組織	4	0	0	1	5
家内企業	2	6	0	1	9
自家雇用	6	3	10	5	24
農業	48	31	11	35	125
無職（引退）	1	1	0	0	2
合計	61	41	21	42	165

（出所）調査結果より筆者作成。

きの父親の職業がわかる165世帯のサンプルである。その世代間移動の状況をみたものが表6-6である。

　この表からわかるとおり，親世代と子世代の全体的な労働市場に大きなちがいがある。子世代が仕事につくときの親世代の職業としては，農業が圧倒的に多い（125人）。そのつぎに多いのは自家雇用（24人）であり，雇用労働についている者（企業・行政組織および家内企業）は14人（8％）にすぎない。一方，子の世代で最も多い就業先は「企業・行政組織」（61人）で，そのなかの47人は企業に勤めている（うち工業団地勤務が39人いる）。さらに家内企業での雇用も含めると，雇用労働につく者は全体の約3分の2に当たる102人を占めている。

　つぎに，親世代の職業と子世代の職業が同じような傾向を示しているかをみてみると，その傾向は顕著にはみられない。親世代の職業が職業選択に影響していないというこの結果は，まず親世代の圧倒的多数が農業に従事していることからも容易に説明がつく。また，父親の就学年数と子の就学年数とのあいだにも有意な相関関係はみられなかった。

　換言すれば，チャウミンでは，農家世帯であってもその多くが子どもに中等教育修了程度の教育を受けさせることができ，その子どもたちは，企業・家内企業もあわせ，非農業部門の雇用の機会が得られていることを意味する。親の職業や就学歴などの属性ではなく，本人の属性が職業選択を規定してお

写真2：チャウミンからバイクで30分ほどの距離にあるディンチャム（Đinh Trám）工業団地。
（2014年11月　筆者作成）

り，それを可能にしたのは外部環境，すなわち1990〜2000年代の教育，とくに中等教育の拡充と非農業部門における労働市場の拡大がほぼ同時期に起こったことにあると考えられる。

小括

　本章では，農村世帯の非農業部門における就労（職業選択）の状況をみてきた。ドイモイ開始による経済自由化後に経済成長と経済活動の多様化が起こったベトナムでは，農村住民でさえも多様な職業選択と職業の移動の機会が得られる状況にあった。とくに本書の舞台となっているハノイに程近い紅河デルタ地域では，フォーマルな行政組織や企業での雇用のみならず，インフォーマルな家内企業の雇用労働の機会や自家雇用者となる機会も多い。本章の大雑把な結論を述べれば，世代的には明らかに若年世代の方が非農業労働についている可能性が高く，そのなかでも就学年数の少ない男性が専業村

のものも含む家内企業で働き，同じく就学年数の少ない男性で，家内企業で働いている者より若干年齢が高い層が自家雇用を選択する傾向にあるということになる。それはおそらく，起業のための資本や技能を蓄積する期間が必要だからであろう。ただし，フォーマルな企業や行政組織に勤めている者に比べ，自家雇用者やそこで働く労働者たちの年齢や就学年数は多様であった。

　自家雇用者のなかには農業からの移動と家内企業の雇用労働からの移動が多かったことから，就学年数が少なく非農業の雇用労働につけなかったか，あるいは家内企業で働いていた男性が移動する傾向にあるのが自家雇用である，ということができるだろう。そのなかには専業村で技術と経験を積んで，出身の村で起業した職人たちも含まれている。就労の初期段階でフォーマルセクターの職業につかなかった（つけなかった）者にとっての経済的・社会的な上昇移動の手段として，自ら家内企業を経営することがひとつの有力な方法といえる。

　本章の調査結果から，ベトナムの労働市場の特徴に関するトラン・ヴァン・トゥ（2010）やド・マン・ホーン（2015）などの議論に若干の知見を加えることができるであろう。トラン・ヴァン・トゥは都市部への移動のコスト（住宅および生活コスト）の高騰から，農村労働力の都市部への移動が十分に起きず，都市部の工業団地への労働供給不足となっているとした（トラン・ヴァン・トゥ 2010, 179-181）。ド・マン・ホーンは，国有企業も外資企業も余剰労働力を吸収するキャパシティが不足し，最も雇用吸収力のある民間部門（その多くは本書のいう家内企業と重複するものである）は短期的かつ不安定な雇用形態をとっているため，大部分の農村労働者は保険として農村に生活拠点を残しているとする（ド・マン・ホーン 2015, 36-41）。一方，本章の分析結果が示すのは，農村の労働者たちが必ずしもそのような消極的な理由で農村にとどまっているわけではないということである。労働力の一部，とくに就学歴の低い男性にとって，行政組織や都市の企業といったフォーマルセクター以外の雇用機会は村内にも村外の専業村などにもあり，いったんフォーマルセクター以外のキャリアを選択した場合でも，他の家内企業に移動

したり起業したりといった職業の上昇移動の余地があるからである。

　それが自発的選択なのか，あるいは強いられた選択なのかを客観的に検証することは困難である。しかし筆者には，労働者たちが「短期的かつ不安定な」雇用形態をさほどネガティブにとらえておらず，短期的で不安定でも当面得られる現金収入が高ければそれを選好しているように映る。家内企業や自家雇用から企業や行政組織への移動がほとんど起きておらず，労働市場が分断されているようにみえるが，それが格差や社会的分断という問題を引き起こしているようにも筆者にはみえない。それは，分断された向こう側の仕事につかなくても，豊かに暮らせる可能性がみえるからではないだろうか。

　ド・マン・ホーンのいう「保険」としての農村での生活拠点の維持という世帯戦略は，3世代同居世帯での世帯内における所得源の多角化のための人的・物的資源の有効活用と解釈すべきかもしれない。このような世帯単位でのリスクへの対処が組み込まれた生計戦略の存在を前提とすれば，世帯員のうちの誰かが「短期的かつ不安定」でも収入の高いインフォーマルな雇用を自発的に選択することは，最適解のひとつとなるだろう。

〔注〕
(1) 調査では，農業への労働投入量を，ベトナムで一般的に使われるローカルな度量衡「công」(工)という単位で聞いている。これは1人×1日に当たり，2人が1日ずつ働いても1人が2日働いても2 côngとなる。また，「1日」の労働時間も本調査では規定していない。同じ作業を行う場合でも，天候やその他の仕事の都合などで日によって作業人数や時間が異なるため，回答者にとって正確に労働時間を回答することが難しく，côngという単位での労働量なら記憶している場合が多いためである。

(2) Jee Young Kim (2004) は，1995年に北部3省で実施した Vietnam Longitudinal Survey という調査（サンプル数1855）結果を元に，父親の職業と子の職業との関連を分析している。これは1990年代という計画経済から市場経済への大きな変革が起きていた時代に，親のもつ「人的資本」と「政治資本」が子の職業に影響しているかをみたものである。そこでは，父親が（ベトナムで重要な政治資本と考えられる）「共産党員であること」「軍務経験があること」が子どものエリート行政職につながる（また，子どもが共産党員になる傾向

は高くなる），親の人的資源のレベルも政治資本のレベルも低い場合は自家雇用になる確率が高いことが示されている。本調査の結果は，この結論とは大きく異なるが，それは，農村のみを調査対象としていることもその理由ではあるが，過去20年間でベトナムの労働市場が大きく変化したことも影響している。

終　章

「工業化・近代化」のなかの専業村

プラスチックのリサイクル村ゲアン省ジエンホン（Diễn Hồng）。環境汚染と労働者の健康被害の問題は深刻化しつつある。
（2006年12月　筆者撮影）

はじめに

　本書では，ベトナムの専業村の発展の過程とその特徴を，地域，家内企業，その経営者，労働者といった多角的な観点からみてきた。数百年の歴史をもつ伝統工芸専業村も含め，専業村の多くはドイモイ開始後の1990年代から発展してきた。紅河デルタ地域を中心に，その数も労働者数も，統計が整った2000年代に入ってからの10年間だけをみても，2倍近く増加している。本書で指摘してきたのは，ベトナムで外資企業，民間企業が増加し，国家の「工業化・近代化」に向けた経済の重要な担い手となっている一方で，小規模で近代的な設備をもたない家内企業が集積した専業村もその存在感を増しているという事実である。

　今日存在している専業村は，そこでつくられている製品から，大きく3つのグループに分類できる。まず，伝統工芸品や手工芸品を生産している伝統工芸専業村である。本書で紹介した木工品のドンキおよびフオンマック，螺鈿細工のチュエンミー以外にも，バチャン（陶器），フーラン（陶器），ヴァンフック（絹織物），ドンホー（伝統版画），ダイバイ（銅細工），チュオン（すげ笠）といった有名な村がいくつもある。今日も生き残り発展し続けているのは，経済自由化の恩恵を受け，海外の市場や国内の富裕層，そして観光客向けの新たな市場を開拓した専業村である。

　つぎに，経済発展や貧困削減にともない急速に需要が拡大した製品を生産している村である。その典型例は鉄鋼のチャウケーである。チャウケーも含め，このタイプの専業村に多いのが「リサイクル村」，すなわち廃材を収集し，それを原料に低品質の製品を製造している専業村である。これらの村で生産されるリサイクル品，たとえばプラスチックの桶や椅子，ペーパーナプキン，アルミニウム鍋などは，今日のベトナム人の日常生活のいたるところにみられる[1]。さらに，一部の原料，たとえばアルミニウムや鉛のスクラップ（おもに車やバイクのバッテリーから鉛スクラップをとる）などは，溶融され

てインゴット状で海外（中国）向けに輸出もされている（坂田 2009a）。

そして最後に，所得弾力性の低い製品を生産する専業村である。本書ではこのような専業村は取り上げなかったが，加工食品（麺やライスペーパー，酒など）や生活に密着した一部の日用品（陶器や祭礼用の飾り付けなど）を生産する村である[2]。経済発展により所得が向上し生活様式が近代化しても，貧しい時代からあったこれらの製品の市場は縮小しないばかりか，拡大さえしている。

専業村で農村工業が発展する状況は，国家が想定していた「工業国」の姿からはほど遠いものであったかもしれない。1994年に掲げられたベトナムの「工業化・近代化」路線とは，「近代的な物質的，技術的基盤をもち，合理的な経済構造を備え，生産力の発展水準に適合する進歩的な生産関係を有し」（白石 1999, 36-37）た経済構造をもつことにあった。2000年以降の外資企業参入の増加はこの路線に沿った成長を後押しし，そのことを評価することがベトナム経済研究のひとつのトレンドともなった。その一方で，「工業化・近代化」路線の表舞台から離れた農村部で大きな存在に成長していた専業村の経済活動を評価する研究は，これまでほとんどなかった。本書は，近代的な企業への「キャッチアップ」だけではない家内企業の経営者たちの発展志向と，フォーマルな大企業に「就職」することだけではない労働者・職人たちの生計戦略とキャリア形成に目を向けたものである。

本章ではまず，これまでの結果から，専業村の発展の要因を資源動員，政策的要素，技術導入，社会ネットワークの存在という4つの観点からまとめる。さらに，ベトナムの専業村の将来，そしてベトナム経済の将来を展望してみたい。

第1節　専業村の発展の特徴と要因

1．専業村発展のための資源動員

　専業村の発展を農村工業化の文脈でとらえたときに，それを可能にした重要な資源は，他国の経験と同様，農村の低賃金労働力であった。ただし，ベトナムの場合は，経済活動の拡大にともない，村内にとどまらず，村外の近隣の農村，場合によっては数百キロ離れた遠隔地からの労働力も吸収してきた。出身地の農村との経済的・社会的つながりを維持しながら働くことが可能な，不安定ではあるが自由度の高い専業村での雇用形態が，村外からの労働者の流入を可能にした。

　他の東南アジア諸国の経験と同様，ベトナムでも1990年代の農業（稲作）の生産性向上により発生した余剰労働力が，農村工業に向かった。1970～1980年代のフィリピンやタイの研究によれば，「緑の革命」により，土地と資本をもつ富裕層と農業生産規模が縮小しさらに土地なしとなり困窮化した農民とのあいだの階層分化が起こり，困窮化した農民のうちの，都市の労働市場に吸収されない層が農村に滞留し農村工業部門の労働者となったとされる（梅原 1978; 加納 1979; 滝川 1984）。しかし，第6章のチャウミンの調査結果にみられるとおり，今日のベトナムの紅河デルタ地域の階層分化は，農地の保有に規定されたものではない。農業だけで生計を立てている世帯はむしろ低所得層であり，どちらかといえば教育水準（就学歴）をベースとした分化であった。1990年代から経済発展とほぼ同時期に起こった普通教育の拡充の恩恵を受けた世代の新たな分化といえる。

　ただし，第3章のチャウケーや第5章のドンキ・フオンマックの労働者たちにもみられたように，専業村の家内企業では，就学歴に関係なく，経験を積んで「班長」としてさらに高い賃金を得たり，自身で独立して家内企業を始めたりという，将来のキャリアの上昇が可能である。教育水準による階層

分化が起きた一世代目の農村住民たちのあいだで，今のところ大きな格差が生まれているわけではなさそうである。

2．政策的要因

　労働力供給の増加が，おもに農業の生産性向上による労働市場の変化によりもたらされたのに対し，労働力以外の資源，たとえば資本や土地の動員のために重要であったのは，ドイモイ開始以降の政策の変化という外的要因であった。1993年の土地法改正による個人世帯への土地使用権の付与は，家内企業に土地という資源をもたらしたが，それにとどまらず，一部の家内企業の経営者がその土地を担保に商業銀行から借り入れすることを可能にした。
　さらに，専業村で土地使用権が確定されたことは，小規模工業団地建設のための省レベルの地方行政による制度的な土地収用を可能にした。地方行政の投資による小規模工業団地の建設が専業村の発展に大きく貢献していることは，チャウケーの工業団地建設以降，多くの専業村で同じような小規模工業団地が建設されていることからも明らかである。地方行政による直接の企業保有や土地の提供があった中国の「蘇南モデル」の郷鎮企業の発展の経験に比べれば間接的かつ限定的であるとはいえ，もともと決して豊かではなかった農村住民たちの資本や土地といった資源を生産のために有効に投入するために，ベトナムの土地政策や地方行政のイニシアチブが貢献していたといえる。
　また，専業村の発展は，ベトナムの経済自由化の過程における特殊要因の影響も受けた。まず，鉄鋼のチャウケーでは，ドイモイ開始初期に実施された国有企業の解体により，専業村に機械や設備，技術者といった重要な資源がもたらされた。つぎに，ドイモイ開始直後から非国家部門の存在が認められたとはいえ，まず自由化されたのは「個人経済部門」，すなわち家内企業の設立であり，そのことが，1990年代に農村の家内企業の集積を促した。さらに，2000年代半ばにやっと緩和される常住戸籍による国民の管理は，労働

者に常住戸籍の移動をともなわない移動を強い，それがもたらす不利益がより少ない農村の家内企業でのインフォーマルな雇用を増加させる要因となった。

3. 技術の導入

　本書では，農村工業化のための諸資源のうち，とくに重要な資源のひとつである技術についても観察してきた。工業化レベルの高い鉄鋼専業村チャウケーから伝統的な手作業の職人技が品質を左右する螺鈿細工のチュエンミーまでレベルの差はあれど，家内企業の経営者たちの技術力の向上のための努力が観察された。旧来存在する出来高払いやグループへの作業委託，見習い期間の存在といった雇用慣行は，労働者の生産性を向上させるための制度的工夫であった。それに加えて，新たな機械を購入することで外来の技術を導入しようとしていた。

　ただし，資本制約から，彼らが購入できるのは安価な汎用機械や中古機械であることが多く，また，機械の構造が理解できる高度な教育を受けた技術者を雇用することも難しい。そのため，彼らには機械を購入してからも，さまざまな工夫が必要である。まず，機械を導入してもすべての工程を機械化することなく，豊富に賦存されている労働力と組み合わせ，また社会ネットワークをとおした分業体制とも組み合わせ，生産性の向上を図っていた。さらに，購入した中古機械に改造を加えたり，試行錯誤で手順を記憶して使いこなすようにしたりといった技術的な適応を図っていた。さらに，新技術の特性に合わせて出来高払いを固定給に変えるなど，雇用慣行にも修正を加えていた。

　外来の機械を試行錯誤しながらイノベーティブに使いこなす経営者や労働者個人の能力の高さは，専業村の発展に重要な要素であった。しかし，これらの能力は，公的な職業訓練校で教えられている技能とはまったく異なるものであろう。機械の購入に際しての情報収集や，機械の改造方法や機械の使

い方に関する情報を共有するためにも，地域住民や知己の者たちのあいだでの社会的なネットワークが重要な役割を果たしていた。本書では詳しく述べなかったが，現在ではさらにソーシャル・ネットワーク・サービスをとおして情報が拡散し，共有されている。このような情報インフラ（インターネット，携帯電話）の普及による情報共有システムの形成が途上国農村でさえも起こっていることは，軽視すべきではない現象である。

4．社会ネットワークの存在

　専業村の社会ネットワークの存在が資源動員や市場情報の獲得のチャネルとして機能していたことを，本研究ではさまざまな場面で強調してきた。それは家内企業間の分業体制における取引コストや市場の変動によるリスクを低減させ，他方では労働者の職業移動を可能にしていた。

　そして，そのネットワークの及ぶ範囲はしばしば地理的にも農村を越えていた。農村工業化に関するこれまでの研究では，ローカルな社会関係や「共同体」の重要性が指摘されてきたが，本書の調査結果からは，農村内部だけでなく，専業村の外のアクターたちとの多様なつながりの重要性もみえてきた。ベトナムの専業村では，村外の労働力を受け入れることで不足する労働力を補ってきた。それを可能にしているのは，労働者たちによる雇用条件や労働環境に関する情報交換である。また，チャウケーや螺鈿細工のチュエンミーでみたように，製品や原材料は専業村の内外で複雑な経路で取引されていた。このように，家内企業や労働者たち，そして中国人商人なども含む多様なアクターたちが，「弱い紐帯」も含めた不均質なつながりのネットワークを形成することにより，「世界を小さく」しているのである。

　調査では，ネットワークの地理的分布や参加者たちが，時とともに大きく変化してきた様子が明らかになった。チュエンミーでは経済自由化開始当初，「世界を小さく」していたのは村からハノイやホーチミンに移出したチュエンミー出身者コミュニティとのつながりであった。しかし時が経ち，特殊な

材料の調達以外の取引の大部分は，かわらず個人間のつながりをとおしてではあるものの，社会的につながりのない都市部の商人たちを相手にした市場取引に変化した。また，そのような変化と平行して，取引のハブとなる在地商人の集積地（トゥオン村）も形成された。また，バクザン省ヒエップホア県の労働者たちが自身の村に帰り独立し，ドンキ・フオンマックの家内企業からの木工家具の受託生産を行う新たな拠点を形成したことで，生産ネットワークの地理的分布や職人の移動の流れが変化した。

第2節　専業村の将来

1．経済の多様性を担う専業村

　専業村の発展は，需要サイドの多様化によってもたらされたものである。1990年代からのベトナムの経済発展は新たな財・サービスの需要を生み出したが，常に新しいもの，近代的なものの需要だけが拡大したわけではなかった。専業村で生産される伝統工芸品や所得弾力性の低い加工食品や祭礼用の製品，そして，低所得層でも手の届く低価格の日用品などの需要も拡大したのである。そして同じカテゴリーの産業のなかにも多様な市場が形成されるようになった（たとえば近代的なオフィスには外資企業で製造されたオフィス家具があるが，その応接室にはドンキでつくられチュエンミーの螺鈿細工が施された伝統的な香木の調度品があるといったように）。専業村の経営者たちは，これらの多様化した市場でそれぞれのニッチ（生態的地位）をさがし，棲み分けをすることで競争を行い抜くことができたのである。

　ただし，専業村の家内企業の経営者たちは，何もせずに需要の多様化の恩恵を受けられたわけではない。ミクロな視点からみれば，彼らが技術導入，雇用，製品の取引などにおいてさまざまな制度的工夫を凝らして，拡大した機会をとらえようとしてきたことがわかる。専業村の家内企業や労働者たち

が蓄積してきた資本や技術力，経営能力のレベルは，都市の大企業や外資企業には及ばないかもしれないが，それは外的環境の変化に柔軟に対応するなかで彼ら自身の手により蓄積されてきたものである。彼らは自身の蓄えた力を元に発展してきただけでなく，2008年の世界的な経済危機以降の困難な時期も柔軟に乗り越えてきた。その事実も，筆者が彼らの存在を，ベトナムの将来の安定的な成長のための潜在力として評価する理由である。

　1990年代後半の経済・社会状況の分析から，石川滋は，「近代技術・装備の近代工業部門と在来的技術・装備の中小企業・農村工業部門の二重経済的発展」が望ましいという見解を示した。それは「長期的開発の出発点の地固め」のためであるという（石川 1999, 21）。石川のいう「地固め」のためには，専業村の家内企業が市場のニッチの棲み分けのなかで安穏に生息するだけでなく，技術力や経営能力を向上させ競争力を高めることが必要であろう。

　ただし，専業村の家内企業のすべてが国家の基盤となる産業の近代工業部門に成長する，あるいはそのバリューチェーンの一端を担う存在になることが「長期的開発」の理想の姿とは限らない。専業村のなかには，「第3のイタリア」と呼ばれたイタリア北中部の中小手工業企業の集積や，日本の今治のタオルや燕三条の洋食器など，「地場産業」の集積のように，ニッチの市場を占有する競争力のある中小企業の集積地に成長する地域もあるであろう。生産性の高い大小さまざまな経済主体からなる多様な「生態系」が形成されることが，国家経済の長期的・安定的な発展につながると筆者は考える。

2．専業村の発展のための課題

　では，今後専業村がさらに発展し，専業村の発展がベトナム経済の発展を後押しするようになるためにはどのような条件が必要であろうか。園部哲史と大塚啓二郎によれば，産業の発展にとって最も重要な要件は「競争」である。園部・大塚（2004）の「内生的発展論」によれば，企業の地理的な集積が起こることにより，産業は「始発期」から「量的拡大期」を経て，さらに

「質的向上期」の順に発展していくという。競争は企業による内生的な「技術革新」すなわち「シュンペーター的イノベーション」を促し，競争のなかで生産の質を向上させられない企業が淘汰され，「質的向上期」を迎えるのである。

専業村の家内企業もみな厳しい競争にさらされているが，彼らの競争に任せるだけでは，彼らの技術力，経営能力が向上するとは考えにくい。公平な競争を保証する制度や，労働者の技能形成機会の提供，インフラ整備など，企業の努力を促しサポートする要因も必要である。

たとえば末廣昭の「キャッチアップ型工業化論」では，技術発展のためには国家全体の「社会的能力」が必要であるとしている。「社会的能力」とは，政府レベルの能力（政策遂行の組織能力，情報の共有システム，政治からの独立），企業家レベルの能力（個人の起業家精神の発揮，経営諸資源の革新的結合，企業組織改革の推進），職場レベルの能力（個人の技能習得能力，組織・社会の技能形成能力）を総合したものである（末廣 2000, 62）。末廣のこの議論は，国家の基幹産業や先進企業の技術論にやや偏った議論であるが，専業村が発展し，国家の成長の一端を担う存在となるためには，同様にさまざまなレベルでの「能力」が必要とされるであろう。

(1) 「個人基礎」の「企業」への転換

そのために乗り越えなければならない課題はいくつもあるが，ここではベトナムのコンテクストのなかでとくに重要であると筆者が考える，ふたつの課題を挙げたい。まずは，企業と雇用の「フォーマル化」である。ベトナムの制度上でいえば，企業に転換する個人基礎が増え，そこで雇用される労働者が正式な長期雇用契約を結ぶことである。事実，多くの先進国の経験は，家内企業による国家経済への貢献は経済発展とともに縮小することを示している。労働経済学者マロニーは，1990年代半ばのOECD諸国とラテンアメリカ諸国の国別データを用い，平均労働生産性（労働者1人が生み出す付加価値）と自家雇用者の比率が逆相関関係にあり，労働生産性の高い先進国の自

家雇用比率は概して低いことを示した（Maloney 2004, 1170）。

　個人基礎から企業への転換のメリットは，まず政府が実態を把握し，支援や規制の対象とできることである。また，企業に転換することがすべてではないが，個人基礎のままでいるよりも，資金や技術獲得の可能性は開け，一方で競争力の低い企業の淘汰も進み，産業全体として競争力は上がるであろう。とくに技術に関しては，政府が2014年から，中古機械の輸入規制を設け，「遅れた」技術の導入に制限をかけており，この規制が強化されれば，専業村の家内企業は新たな形での技術獲得機会を模索せざるを得なくなる[3]。技術獲得への投資の増加やフォーマルな企業とのリンケージ形成をめざすのであれば，「企業」となることのメリットは，たとえニッチ市場を担う中小企業であろうとも，大きいであろう。

　ベトナム政府は，2009年に打ち出した中小企業支援策（2009年政府議定第56号：56/2009/NĐ-CP）や2010年から始まった「新農村建設」事業，そして2014年に改正された社会保険法において，小規模の家内企業を企業登録させ，融資等の支援を与え，その経営者や労働者に職業訓練の機会を与えて技術力を向上させるというアプローチをとってきた。しかし，これらの政策は当の家内企業の経営者や労働者たちに必ずしも歓迎されているわけではない。現状では，税や社会保険料の負担が大きく，負担分を賃金に上乗せすることが経営者，労働者双方から選好されている[4]。融資や職業訓練の機会提供だけでは企業への転換のインセンティブとしては不十分ということであろう。しかも，これまで国有企業に偏重して優遇政策をとってきた政府から本当に支援が得られるとは限らない，という家内企業側の不信感もあるだろう。

　政府は2016年，2020年までに企業数を100万社まで増やすという方針（政府決議第35号：35/NQ-CP）を打ち出した（この決議の公布した時点で企業数は51万社であった）。また，2017年には中小企業支援策が「中小企業支援法」という法律レベルに格上げになる予定であるが，同法の草案では，個人基礎を企業に転換することがひとつの目標となっている。これらの新たな政策で，経営者や労働者の短期的な利潤追求を抑制し，彼らを「企業化」に向かわせ

るための有効な策が打ち出せるかが将来の「工業化・近代化」への課題のひとつである。

(2) 環境問題の解決

もうひとつの課題は，専業村の環境問題の解決である。多くの専業村では，農家がその庭先で小規模にモノを作り始め，軌道に乗ってくるとその規模を無計画に拡大し，その一方で排水施設や排煙施設への投資を後回しにしてきた。また，紅河デルタ地域の農村では住民は狭い地域に集住しており，汚染物質が集中，濃縮しやすい。

専業村の環境汚染の問題は，2000年代初頭にはすでに問題視されており，鉄鋼専業村のチャウケーが代表例であるが，とくに大規模化が進行した専業村では，深刻な環境汚染が懸念されてきた[5]。チャウケーの鉄鋼生産では，めっきや塗料が付いたままのスクラップが電炉に投入され，それらが大気汚染を引き起こしている。さらにビレット生産の際にはスラグと呼ばれる残滓が発生し，スラグの投棄により土壌と川が汚染される。伸鉄や圧延で燃料として使われる石炭も，空気と川を汚す。チャウケー小規模工業団地建設の際に，汚水処理場の建設が計画されたそうであるが，筆者が調査を行った約10年のあいだには結局実現していない。

専業村の汚染は，住民や労働者の健康に影響を及ぼす。対策をとらずに放置すれば労働生産性が停滞し，将来的には労働者の確保が困難になり，発展の大きな阻害要因となる可能性はあるだろう。専業村では，管理する側であるはずの人民委員会の幹部たち自身の多くが副業として家内企業を経営していることも，彼らが環境保護に熱心に取り組まない理由のひとつとなっている。専業村の環境問題は，地方行政のあり様，中央・地方関係の変革も必要とされる課題である。

2000年代に入り，ベトナムが国際経済社会への参入の度合いを高めるなかで，さまざまな規制が策定され，また，ODAによる支援の影響もあり，規制を策定する政府の能力も向上した。しかし，その執行能力にはまだ課題が

終　章　「工業化・近代化」のなかの専業村　159

ある。環境問題は，そのような政府のレベルの「社会的能力」の向上が必要とされる分野である。専業村の環境問題が解決できるほどの「社会的能力」が政府に備わることが，ベトナムの今後の経済発展には不可欠である。

〔注〕
⑴　「リサイクル村」の発展については DiGregorio（1994），Đặng Kim Chi（2005），坂田（2009b）を参照のこと。
⑵　ハノイ周辺のこれらの専業村については，Fanchette and Stedman（2010）に詳しい。
⑶　ベトナム政府は2014年7月，安全，省エネルギー，環境保護を理由に，中古機械の輸入規制（科学技術相通知第20号：20/2014/TT-BKHCN）を導入した。経済界，とくに外資企業からの猛反発もあり，約2カ月後にいったんはこの政令は廃止となった（科学技術相決定第2279号：2279/QĐ-BKHCN）。しかし2015年11月，外資企業のプロジェクトを除きという条件で，製造後10年以上経った中古機械の輸入を原則禁止とする政令が再公布された（科学技術相通知第23号：23/2015/TT-BKHCN）。
⑷　本章執筆時点の2016年8月現在，法人所得税は，一部の企業や地域に対する優遇措置はあるものの，一般的には課税所得の20％である（2008年法人所得税法とその後数回の同法修正・補充が根拠となっている）。社会保険料率は，第3章脚注⑼を参照のこと。
⑸　ハノイ工科大学は2002～2004年に国家プロジェクトとしてプラスチック，古紙，金属のリサイクルを行う専業村の大規模な調査を実施している（Đặng Kim Chi 2005, 122-142）。この調査では，いくつかの調査項目で水質汚染と大気汚染の濃度レベルが環境基準を大幅に上回るだけでなく，汚染物質の排出量も膨大であることが明らかにされた。なかには，原料である廃棄物に含まれる重金属で汚染されている専業村もあることが明らかにされている。

あ と が き

　「あと5年もすればチャウケーの鉄鋼業は消えてなくなるだろう」。2006年12月，筆者がチャウケーに足を運び始めた頃に訪問したベトナム鉄鋼協会の主席ファム・チ・クオン氏は，自信あり気にそう断言した。外資参入により工業部門の近代化が進むベトナムでは，遅れた技術と限られた資本しかもたない小規模なインフォーマルセクターは，まもなく大規模国有企業や外資企業に淘汰されていくだろう，というのが彼の見立てであった。

　結果としては，クオン氏の予想は裏切られることになる。鉄鋼産業の一部の企業が近代的な装備をもち順調に競争力を高めていることは間違いないが，その一方で，（少なくとも本書執筆時点では）チャウケーの鉄鋼業も発展し続けている。本書ですでに述べたように，ドイモイ開始後のベトナムでは，経済規模が拡大しただけでなく財・サービスの需要が多様化し，チャウケーの家内企業も低価格・低品質の建設資材という市場のニッチを獲得し，規模拡大した。チャウケーのみならず，規模も生産される製品も異なる他の専業村も同じような発展を遂げてきた。

　ここで話は若干変わるが，その頃ベトナム経済研究で最も流行していたトピックは，「貧困削減」であった。世銀のエコノミストや欧米の経済学者たちは，こぞって大規模家計調査 V(H)LSS のデータに飛びつき，ベトナムが経済自由化後に短期間で貧困を解消した要因を探った。個々の研究の異なる目的やスコープにより，細かいニュアンスは変わるものの，大雑把にいえば，彼らの研究の結論は，貧困層に「機会が増えた」ということに尽きる。農村に滞留する労働力が，ドイモイ開始以降の経済活動の自由化で雇用やビジネスの機会を得て，所得が向上したという結論である。

　その後，2000年代の末頃から，「中所得国の罠」の議論がベトナム経済研究の世界で流行し始める。低賃金の労働力を武器に軽工業品を輸出すること

で2000年以降急成長したベトナムは，アメリカという世界最大の消費市場にアクセスする機会を得てその分野に投資を集中させて成長したに過ぎず，その間生産性向上の努力を怠ってきたベトナムは，このままでは早晩「罠」に陥るという警告である。

ベトナムの貧困削減研究も「中所得国の罠」の議論をベースにした研究も，ベトナムの発展を「余剰のはけ口」的な発展ととらえる姿勢は共通している。そして専業村の発展も，同じような図式でとらえることは可能であろう。クオン氏は単に鉄鋼市場の裾野の広さを見誤っていただけといえるかもしれない。

しかし，専業村の家内企業の経営者や労働者，職人たちは，たまたまよい時代にめぐりあわせた幸運をただ何もせず享受してきたわけではない，というのが本書のメッセージである。日々変わりゆく市場の状況や政策の変化をとらえ，制度的な工夫を凝らし，貪欲に技術を吸収し，家族という単位の厚生を最大化させるために職業選択を行う彼らの行動を記録し，研究書としてまとめておく必要があると考えたことが，本書執筆の動機である。それは，貧困削減研究や中所得国の罠の議論がとらえるベトナムの発展の姿に対して感じてきた違和感の表明でもある。

筆者もVHLSSのデータやベトナム統計総局が実施するさまざまなサーベイのデータは頻繁に利用する。しかし，データからはみえてこないベトナムの経済主体の行動原理を，長期間にわたるフィールド調査から探ることも，一国の経済に対する理解を深めるうえで重要である。そのようなスタイルの研究が許される環境下にいる筆者は大変恵まれていると改めて感じる。

今思えば，2000年代半ばに専業村の調査を開始したことは幸運であった。当時は，それまで経験したことがない好景気にベトナム中が浮かれていた時期であったが，2008年9月からは，世界的な経済危機のあおりを受けて，ベトナム経済も急減速し，その後も長きにわたり停滞した。それでも専業村はしぶとく生き残り，そればかりかその厳しい時期に規模を拡大した家内企業さえある。その浮き沈みの過程を10年間にわたり観察できたことは，農村経

済だけでなく，ベトナム経済全体の理解を深めるうえで役に立った。

　本書は，筆者が所属するアジア経済研究所で2007年から実施されてきたふたつの研究プロジェクトの成果である既発表論文（坂田 2009b; 2010; 2013b）を大幅に加筆・修正し，さらに，筆者のかかわってきた3つの文部科学省科学研究費プロジェクトの調査結果を元に新たな書き下ろしを加え，アジア経済研究所の2015年度の個人研究プロジェクトの成果としてまとめたものである（文部科学省科学研究費プロジェクトは「グローバル化，工業化・近代化期におけるベトナム農業・農村の総合的研究」［平成21〜23年度基盤研究B，研究代表者　辻一成］，「ベトナムの農村経済の変容とミクロ分析」［平成23〜25年度基盤研究B，研究代表者　秋葉まり子］，「高度工業化推進段階におけるベトナム農業構造再編と農業の担い手の展望」［平成25〜27年度基盤研究C, 研究代表者　辻一成］）。

　成果をまとめる過程で，有益なアドバイスや批判をくれたアジア経済研究所の多くの同僚たちに感謝の意を表したい。もともとの勉強不足に加え，50歳を過ぎた衰えからか，ともすれば独りよがりになりがちな筆者の議論に対し，常に警鐘を鳴らしてくれる貴重な存在である。とくに，研究双書出版のプロセスでは避けて通れない内部査読の段階で，数々の厳しくも的を射たコメントをくれた査読者には深く感謝したい。

　また，ベトナム研究に長く携わる研究者の先生方からも，有益なご示唆をいただいた。とくに早稲田大学の白石昌也先生（「専業村」という訳語をご提案いただいた）からは，専業村の発展を農村社会の歴史的な変化の文脈でとらえることの重要さについて，トラン・ヴァン・トゥ先生からは，労働の面から農村工業をベトナムの経済発展のなかに位置づける意味について，そして佐賀大学の辻一成先生からは，農村世帯の生計戦略としての労働分配や農地の維持について，さまざまな研究会や勉強会，そしてその後の宴席の場でのディスカッションの際に，重要なご教示をいただいた。改めて感謝申し上げたい。

　最後にベトナムでお世話になった方々についてもふれておきたい。ベトナム社会科学院のベトナム経済学研究所と持続的地域発展研究所，そしてハノ

イ国家大学ベトナム学・発展科学研究所の研究者の方々からは毎回調査の際にご協力をいただいた。いまだに制約の多い農村の調査で，彼らの存在は大変心強かった。とくに，ベトナム経済学研究所のヴー・トゥアン・アイン氏には，チャウケーだけでなく，多くの専業村に連れて行ってもらった。最も感謝しなければならないのは，専業村の人民委員会の幹部や調査に応じてくれた家内企業の方々，そしてそこで働く人たちである。初めて訪問した際にチャウケー社の副主席（幹部の序列では第3位か4位ぐらいであろうか）であったタン氏は，2014年には序列トップの党書記にまで出世した。会うたびにタン氏の体格に貫禄が増して行く様子をみるのは，調査のひとつの楽しみでもあった。つぎにチャウケーに行くときには，本書の写真だけでもみてもらいたいと思っている。

2017年2月　著者

[参考文献]

<日本語文献>

石川滋 1999.「ヴィエトナム市場経済化協力の経験」石川滋・原洋之介編『ヴィエトナムの市場経済化』東洋経済新報社 3-37.

石塚二葉 2009.「2000年代のベトナム地方国有企業——国有企業改革の地方レベルにおける含意——」坂田正三編『変容するベトナムの経済主体』アジア経済研究所 63-94.

石塚二葉・藤田麻衣 2006.「ベトナムの産業振興と地方政府の役割——バクニン省ドンキ木工村の事例——」藤田麻衣編『移行期ベトナムの産業変容——地場企業主導による発展の諸相——』アジア経済研究所 191-228.

出井富美 2004.「ベトナム農業の国際的な発展戦略と土地政策」石田暁恵・五島文雄編『国際経済参入期のベトナム』アジア経済研究所 121-166.

——— 2006.「ベトナム農村工業化政策の展開——アンザン省の事例を中心に——」藤田麻衣編『移行期ベトナムの産業変容——地場企業主導による発展の諸相——』アジア経済研究所 137-189.

梅原弘光 1978.「フィリピンにおける『緑の革命』と農民——中部ルソン，ヌエバ・エシハ州の1村落事例を中心として——」『アジア経済』19（9）9月 26-40.

遠藤環 2011.『都市を生きる人々——バンコク・都市下層民のリスク対応——』京都大学学術出版会.

大島一二 1993.『現代中国における農村工業化の展開——農村工業化と農村経済の変容——』筑波書房.

加納啓良 1979.「ジャワ農村経済史研究の視座変換——『インボリューション』テーゼの批判的検討——」『アジア経済』20（2）2月 2-26.

川端望 2015.「市場経済移行下のベトナム鉄鋼業——その達成と課題——」『赤門マネジメント・レビュー』14（9）9月 451-494.

菊池眞夫 1996.「フィリピン首都圏近郊における農村工業の生成——ラグナ州の輸出向け衣料下請業の事例——」『アジア経済』37（5）5月 27-65.

貴志功 2011.「ベトナムの国内移住者に対する居住登録に関する法制の変容」『アジア太平洋研究』（36）11月 121-137.

北原淳 1997.「東南アジアにおける『ポスト緑の革命』と農村就業構造の多様化」『国際協力論集』5（2）11月 31-57.

木村哲三郎 1996.『ベトナム——党官僚国家の新たな挑戦——』アジア経済研究所.

グルー・ピエール 2014.（村野勉訳）『トンキン・デルタの農民——人文地理学的

研究──』丸善プラネット．

厳善平 1993．「郷鎮企業の成長と中部経済開発」丸山伸郎編『長江流域の経済発展──中国の市場経済化と地域開発──』アジア経済研究所　243-274．

小林達也 1983．『続・技術移転──土着化への挑戦──』文眞堂．

菰田文男 1987．『国際技術移転の理論』有斐閣．

坂田正三 2008．「変容するベトナム経済と経済主体──研究会の目的と背景──」（坂田正三編「変容するベトナム経済と経済主体」調査研究報告書　アジア経済研究所　1-18（http://www.ide.go.jp/Japanese/Publish/Download/Report/pdf/2007_04_12_hashigaki.pdf）．

─── 2009a．「ベトナム紅河デルタ地域のリサイクル村の発展と環境問題」小島道一編『アジア地域におけるリサイクルの実態と国際資源循環の管理・3R政策』平成20年度廃棄物処理等科学研究総合研究報告書　1-15．

─── 2009b．「ベトナム紅河デルタ地域の農村工業──リサイクル村の発展に見る小規模経済主体の戦略──」坂田正三編『変容するベトナムの経済主体』アジア経済研究所　223-249．

─── 2010．「ベトナム農村の工業化──紅河デルタ地域の工芸村の発展を中心に──」『アジ研ワールド・トレンド』（177）　6月　4-7．

─── 2012a．「ベトナム経済の現代史──ドイモイの25年──」今井昭夫・岩井美佐紀編『現代ベトナムを知るための60章（第2版）』明石書店　318-322．

─── 2012b．「ベトナムの農業・農村開発政策──2008年の政策転換と第11回党大会で示された方向性──」寺本実編『転換期のベトナム──第11回党大会，工業国への新たな選択──』アジア経済研究所　111-134．

─── 2013a．「高度経済成長下のベトナム農業・農村──ベトナム農業・農村発展の『新段階』──」坂田正三編『高度経済成長下のベトナム農業・農村の発展』アジア経済研究所　3-28．

─── 2013b．「ベトナム紅河デルタ地域の『専業村』における労働市場──農村に集積するインフォーマルセクターとその雇用──」坂田正三編『高度経済成長下のベトナム農業・農村の発展』アジア経済研究所　207-231．

─── 2015．「ベトナム──高齢化と都市化の兆し──」『アジ研ワールド・トレンド』（238）　7月　32-35．

坂田正三・荒神衣美 2014．「ベトナム農業政策に内在する矛盾──国際競争力の強化か食糧安全保障か──」『農業と経済』80（2）　3月　80-86．

重冨真一 1996．『タイ農村の開発と住民組織』アジア経済研究所．

下村恭民，トラン・ヴァン・トゥ，ドン・マン・ホーン，吉田秀美 2009．『ベトナムの労働移動に関する調査──投資環境の視点から──』法政大学・早稲田大学共同調査報告書．

白石昌也 1999．「ドイモイ路線の展開──経済安定化から「国土の工業化・近代

化」へ──」白石昌也・竹内郁雄編『ベトナムのドイモイの新展開』アジア経済研究所　23-76.
─── 2000.『ベトナムの国家機構』明石書店.
─── 2015.「ベトナム農村社会における中間組織──歴史的観点からの試論──」秋葉まり子編『ベトナム農村の組織と経済』弘前大学出版　21-53.
末廣昭　2000.『キャッチアップ型工業化論──アジア経済の軌跡と展望──』名古屋大学出版会.
関満博編　2008.『中国郷鎮企業の民営化と日本企業──新たな産業集積を形成する「無錫」──』新評論.
関良基　2005.『複雑適応系における熱帯林の再生──違法伐採から持続可能な林業へ──』御茶の水書房.
園部哲史・大塚啓二郎　2004.『産業発展のルーツと戦略──日中台の経験に学ぶ──』知泉書館.
滝川勉　1984.「マルコス政権下における農地改革の展開と『緑の革命』」『アジア経済』25（5-6）5月　151-169.
竹内郁雄　2004.「ベトナムにおける市場経済化を伴う経済開発の考察──北部のムラ・村にみられる'均等主義'の検討・評価を通じて──」石田暁恵・五島文雄編『国際経済参入期のベトナム』アジア経済研究所　167-219.
谷本雅之　1998.『日本における在来的経済発展と織物業──市場形成と家族経済──』名古屋大学出版会.
ド・マン・ホーン　2015.「ベトナム労働市場の現状と問題点」トラン・ヴァン・トゥ／松本邦愛／ド・マン・ホーン編『東アジア経済と労働移動』文眞堂　32-47.
トラン・ヴァン・トゥ　2010.『ベトナム経済発展論──中所得国の罠と新たなドイモイ──』勁草書房.
新美達也　2013.「ベトナムの工業団地開発と農村非農業就労機会の増加」坂田正三編『高度経済成長下のベトナム農業・農村の発展』アジア経済研究所　177-205.
速水佑次郎　1995.『開発経済学──諸国民の貧困と富──』創文社.
バラバシ，アルバート＝ラズロ　2002.（青木薫訳）『新ネットワーク思考──世界のしくみを読み解く──』NHK出版.
藤田麻衣　2012.「WTO時代のベトナムの工業化」寺本実編『転換期のベトナム──第11回党大会，工業国への新たな選択──』アジア経済研究所　83-109.
古田元夫　1996.『ベトナムの現在』講談社.
丸川知雄　2014.「発展途上国のキャッチダウン型技術進歩」『アジア経済』55（4）12月　39-63.

水野廣祐 1999.『インドネシアの地場産業――アジア経済再生の道とは何か？――』京都大学学術出版会.

吉田昌夫 1986.「中間・適正技術論の系譜とその現代アフリカにおける妥当性」吉田昌夫編『適正技術と経済開発――現代アフリカにおける課題――』アジア経済研究所　3-36.

ロスチャイルド，マイケル 1995.（石関一夫訳）『バイオノミックス――進化する生態系としての経済――』TBSブリタニカ.

ワッツ，ダンカン 2004.（辻竜平・友知政樹訳）『スモールワールド・ネットワーク――世界を知るための新科学的思考法――』阪急コミュニケーションズ.

＜英語文献＞

Bac Ninh Statistical Office 2007. *Statistical Yearbook of Bac Ninh 2006*, Bac Ninh: Statistical Publishing House.（英越併記）

―――― 2014. *Statistical Yearbook of Bac Ninh 2013*, Bac Ninh: Statistical Publishing House.（英越併記）

Bacchetta, Marc, Ekkehard Ernst, and Juana P. Bustamante 2009. *Globalization and Informal Jobs in Developing Countries*, Geneva: International Labour Organization and World Trade Organization.

Barabasi, Albert-Laszlo, and Reka Albert 1999. "Emergence of Scaling in Random Networks," *Science* Vol. 286, October: 509-512.

Bhatti, Yasser 2012. *What is Frugal, What is Innovation?: Towards a Theory of Frugal Innovation*, Working Paper, Said Business School and Green Templenton College.

DiGregorio, Michael R. 1994. *Urban Harvest: Recycling as a Peasant Industry in Northern Vietnam*, Honolulu, Hawaii: East-west Center.

DiGregorio, Michael R. ed. 1999. *Report on the Environment of Development in Industrializing Craft Villages*, Hanoi: Center for Natural Resources and Environmental Studies, Vietnam National University Hanoi.

Embree, John F. 1950. "Thailand-A Loosely Structured Social System," *American Anthropologist*, 52 (2), 181-193.

Fanchette, Sylvie 2007. "The Development Process of Craft and Industrial Village (CIV) Clusters in Ha Tay and Bac Ninh Province: from Village Initiatives to Public Policies," *Vietnamese Studies*, 3 (165), 5-30.

Fanchette, Sylvie, and Nicholas Stedman 2010. *Discovering Craft Villages in Vietnam: Ten Itineraries around Ha Noi*, Hanoi: The Gioi Publisher.

Fforde, Adam, and Stefan de Vylder 1996. *From Plan to Market: The Economic Transition in Vietnam*, Boulder: Westview Press.

Fields, Gary S. 1990. "Labor Market Modelling and the Urban Informal Sector: Theory and Evidence," In *The Informal Sector Revisited*, edited by David Turnham, Bernard Salome, and Antoine Schwarz, Paris: Organisation for Economic Co-operation and Development, 49-69.

Fleming, Lee, Charles King III, and Adam I. Juda 2007. "Small Worlds and Regional Innovation," *Organization Science* 18 (6) Nov/Dec: 938-954.

Gagnon, Jason 2009. "Moving out of Bad Jobs – More Mobility, More Opportunity," In *Is informal Normal?: Towards More and Better Jobs in Developing Countries*, edited by Johannes P. Jutting, and Juan R. de Laiglesia, Paris: Organisation for Economic Co-operation and Development: 115-142.

Granovetter, Mark S. 1973. "The Strength of Weak Ties," *American Journal of Sociology*, 78 (6) May: 1360-1380（グラノヴェッター，マーク［大岡栄美訳］「弱い紐帯の強さ」野沢慎司編・監訳『リーディングスネットワーク論――家族・コミュニティ・社会関係資本――』勁草書房　2006年　123-154）.

GSO (General Statistics Office) various years. *Statistical Yearbook of Vietnam*, Hanoi: Statistical Publishing House.

―――― 2000. *1999 Population and Housing Census: Sample Results*, Hanoi: Statistical Publishing House.

―――― 2004. *Results of Establishment Census of Vietnam 2002: Volume 2 – Business Establishments*, Hanoi: Statistical Publishing House.

―――― 2007a. *Result of the Vietnam Household Living Standards Survey 2006*, Hanoi: Statistical Publishing House.

―――― 2007b. *Results of the 2006 Rural, Agricultural and Fishery Census, Volume 1*, Hanoi: Statistical Publishing House.

―――― 2008. *Results of the 2007 Establishment Census: Volume 2 – Business Establishments*, Hanoi: Statistical Publishing House.

―――― 2010. *The 2009 Vietnam Population and Housing Census: Major Findings*, Hanoi: Statistical Publishing House.

―――― 2012. *Results of the 2011 Rural, Agricultural and Fishery Census*, Hanoi: Statistical Publishing House.

―――― 2013. *Results of the 2012 Establishment Census*, Hanoi: Statistical Publishing House.

―――― 2014. *Result of the Viet Nam Household Living Standards Survey 2012*, Hanoi: Statistical Publishing House.

Hardy, Andrew 2001. "Rules and Resources: Negotiating the household Registration System in Vietnam under Reform," *SOJOURN Journal of Social Issues in Southeast Asia*, 16 (2) February: 187-212.

Hy Van Luong 2009. "Rural-to-Urban Migration in Vietnam: A Tale of Three Regions,",

In *Reconfiguring Families in Contemporary Vietnam*, edited by Magali Barbieri, and Daniele Belanger, Stanford, California: Stanford University Press, 391-420.

ILO (International Labour Office) 1972. *Employment, Incomes and Equality: A Strategy for Increasing Productive Employment in Kenya*, Geneva: ILO.

Immelt, Jeffrey R., Vijay Govindarajan, and Chris Trimble 2009. "How GE Is Disrupting Itself," *Harvard Business Review*, 87 (10) October: 56-65.

Jee Young Kim 2004. "Political Capital, Human Capital, and Inter-generational Occupational Mobility in Northern Vietnam," In *Social Inequality in Vietnam and the Challenges to Reform*, edited by Philip Taylor, Singapore: Institute of Southeast Asian Studies, 166-207.

JICA-MARD (Japan International Cooperation Agency and Ministry of Agriculture and Rural Development) 2004. *The Study on Artisan Craft Development Plan for Rural Industrialization in the Socialist Republic of Vietnam: Final Report (Vol. 1)*: Almec Co., International Development Center of Japan.

Kiyokawa, Yukihiko 1991. "The Transformation of Young Rural Women into Disciplined Labor under Competition- Oriented Management: The Experience of the Silk-reeling Industry in Japan," *Hitotsubashi Journal of Economics*, 32 (2) December: 49-69.

Knorringa, Peter, Iva Pesa, Andre Leliveld, and Cees van Beers 2016. "Frugal Innovation and Development: Aides or Adversaries?" *European Journal of Development Research*, 28 (2) April: 143-153.

Lanjouw, Jean O., and Peter Lanjouw 2001. "The Rural Non-farm Sector: Issues and Evidence from Developing Countries," *Agricultural Economics*, 26 (1) October: 1-23.

Le Bach Duong, Tran Giang Linh, and Nguyen Thi Phuong Thao 2011. *Social Protection for Rural-urban Migrants in Vietnam: Current Situation, Challenges and Opportunities*, Hanoi: Centre for Social Protection.

Mahanty, Sango, Trung Dinh Dang, and Phung Giang Hai 2012. "Crafting Sustainability: Managing Water Pollution in Viet Nam's Craft Villages." Discussion Paper 20, Development Policy Centre, Australian National University.

Malesky, Edmund J. 2004. "Leveled Mountains and Broken Fences: Measuring and Analysing De Fact Decentralization in Vietnam," *European Journal of South East Asian Studies*, Vol. 3.2, 307-337.

Maloney, William F. 2004. "Informality Revisited," *World Development*, 32 (7) : 1159-1178.

Milgram, Stanley 1967. "The Small-World Problem," *Psychology Today*, 1 (1) May: 61-67 （ミルグラム，スタンレー［野沢慎司・大岡栄美訳］「小さな世界問題」野

沢慎司編・監訳『リーディングスネットワーク論――家族・コミュニティ・社会関係資本――』勁草書房　2006年　97-121）.
Nguyen Huu Chi, Christophe J. Nordman, and Francois Roubaud 2013. *Who Suffers the Penalty? A Panel Data Analysis of Earnings Gaps in Vietnam*, IZA Discussion Paper (7149).
Nguyen Phuong Le 2008. "Commodity Chain of Woodcarvings: Global Impacts and Local Responses: A Case Study in Traditional Craft Village, Red River Delta, Vietnam," *Chang Mai University Journal of Social Science and Humanities* 2 (2) : 5-35.
―――― 2009. "Changing of Women's Roles in Production under a Patriarchal Society: Case Study in a Traditional Craft Village, Northern Vietnam," Asian Social Science 5 (3) March : 42-51.
―――― 2011. "The Redivision of Labour in a Red River Delta Village in a Globalized Economy," In *Labour in Vietnam*, edited by Anita Chan, Singapore: Institute of Southeast Asian Studies, 91-118.
O'Conner, David 1998. *Rural Industrial Development in Viet Nam and China: A Study in Contrasts*, Working Paper (140), OECD Development Centre.
Oostendorp, Remco H., Tran Quoc Trung, and Nguyen Thanh Tung 2009. "The Changing Role of Non-Farm Household Enterprises in Vietnam," *World Development*, 37 (3) March: 632-644.
Oudin, Xavier 2002. "Labor Restructuring in Vietnam," In *Viet Nam Expose: French Scholarship on Twentieth-Century Vietnamese Society*, edited by Gisele Bousquet, and Pierre Brocheux, Ann Arbor: University of Michigan Press, 356-372.
―――― 2009. "Household Structure and Employment Strategies in a Changing Economy," In *Reconfiguring Families in Contemporary Vietnam*, edited by Magali Barbieri, and Daniele Belanger, Stanford, California: Stanford University Press, 365-390.
Perry, Guillermo E., William F. Maloney, Omar S. Arias, Pablo Fajnzylber, Andrew D. Mason, and Jaime Saavedra-Chanduvi 2007. *Informality: Exit and Exclusion*, Washington D.C.: World Bank.
Pham Minh Hac 1998. *Vietnam's Education: The Current Position and Future Prospects*, Hanoi: Gioi Publishers.
Pincus, Jonathan, and John Sender 2008. "Quantifying Poverty in Viet Nam: Who Counts?," *Journal of Vietnamese Studies*, 3 (1) : 108-150.
Reardon, Thomas J., Edward Taylor, Kostas Stamoulis, Peter Lanjouw, and Arsenio Balisacan 2000. "Effects of Non-Farm Employment on Rural Income Inequality in Developing Countries: An Investment Perspective," *Journal of Agricultural Eco-*

nomics, 51 (2) May: 266-288.

Riedel, James, and William S. Turley 1999. *The Politics and Economics of Transition to an Open Market Economy in Viet Nam*, Working Paper (152), OECD Development Centre.

Schumacher, E. F. 1978. *Small is Beautiful: Economics as if People Mattered*, London: Blond and Briggs.

Tanimoto, Masayuki 2013. "From Peasant Economy to Urban Agglomeration: The Transformation of 'Labour-intensive Industrialization' in Modern Japan," In *Labour-Intensive Industrialization in Global History*, edited by Gareth Austin, and Kaoru Sugihara, London: Routledge, 144-175.

van Arkadie, Brian, and Raymond Mallon 2003. *Viet Nam: A Transition Tiger?*, Canberra: Asia Pacific Press at the Australian National University.

van Beers, Cees, Andre Leliveld, and Peter Knorringa 2012. "Frugal Innovation in Africa: Tracking Unilever's Washing Powder Sachets," In *Transforming Innovations in Africa: Explorative Studies on Appropriation in African Societies*, edited by Jan-Bart Gewald, Andre Leliveld, and Iva Pesa, Leiden: Brill Academic Publication, 59-77.

van de Walle, Dominique, and Dorothyjean Cratty 2004. "Is the Emerging Non-farm Market Economy the Route out of Poverty in Vietnam?" *Economics of Transition* 12 (2) : 237-274.

Vijverberg, Wim P. M. 1998. "Nonfarm Household Enterprises Er Vietnam," In *Household Welfare and Vietnam's Transition*, edited by David Dollar, Paul Glewwe, and Jennie Litvack, Washington D.C.: World Bank, 137-178.

Vijverberg, Wim P. M., and Jonathan Haughton 2004. "Household Enterprises in Vietnam: Survival, Growth and Living Standards," In *Economic Growth, Poverty, and Household Welfare in Vietnam*, edited by Paul Glewwe, Nisha Agrawal, and David Dollar, Washington D.C.: World Bank, 95-132.

Vu Hoang Nam, Tetsushi Sonobe, and Keijiro Otsuka 2009. "An Inquiry into the Transformation Process of Village-based Industrial Clusters: The Case of an Iron and Steel Cluster in Northern Vietnam," *Journal of Comparative Economics*, 37 (4) December: 568-581.

Wasserman, Stanley, and Katherine Faust 1994. *Social Network Analysis: Methods and Applications*, New York: Cambridge University Press.

Watts, Duncan J., and Steven H. Strogatz 1998. "Collective Dynamics of 'small- world' networks," *Nature* , Vol. 393, June: 440-442.

Weijland, Hermine 1999. "Microenterprise Clusters in Rural Indonesia: Industrial Seedbed and Policy Target, " *World Development*, 27 (9) September: 1515 1530.

<ベトナム語文献>

Chi Cục Từ Sơn — Cục Tổng Kê Bắc Ninh（バクニン省統計局トゥーソン支局）2015. *Niên Giám Thống Kê Thị Xã Từ Sơn 2010-2014*（トゥーソン市社統計年鑑2010-2014年）, Từ Sơn, Bắc Ninh.

Đặng Kim Chi, chủ biên 2005. *Làng Nghề Việt Nam và Môi Trường*（ベトナムの工芸村と環境）, Hà Nội: Nhà Xuất Bản Khoa Học và Kỹ Thuật（科学技術出版社）.

Lê Xuân Tâm và Nguyễn Tất Thắng 2013. "Phát Triển Làng Nghề Tỉnh Bắc Ninh trong Bối Cảnh Xây Dựng Nông Thôn Mới,"（新農村建設を背景としたバクニン省の専業村の発展）*Tạp Chí Khoa Học và Phát Triển*（科学と発展）, 11 (8), 1214-1222.

Viện Khoa Học Lao Động và Xã Hội（労働・社会科学研究所）2012. *Xu Hướng Lao Động và Xã Hội Việt Nam 2001-2011*（2001-2011年におけるベトナムの労働・社会の趨勢）, Hà Nội.

Vũ Quốc Tuấn, chủ biên 2010. *Làng Nghề Phố Nghề Thăng Long-Hà Nội trên Đường Phát Triển*（発展しゆくタンロン—ハノイの専業村）, Hà Nội: Nhà Xuất Bản Hà Nội（ハノイ出版社）.

Vũ Quốc Tuấn 2011. *Làng Nghề trong Công Cuộc Phát Triển Đất Nước*（国家発展事業の中の専業村）, Hà Nội, Nhà Xuất Bản Tri Thức（知識出版社）.

索引

【アルファベット】

GDP　4, 22-24, 33, 34, 39
GSO（ベトナム統計総局）　10, 17,19, 24, 29, 31, 33, 39
NC 彫刻機　112-115, 117-119, 121, 123, 124
nhà trọ（簡易宿泊施設）　75, 116, 135
V(H)LSS　17, 19, 62, 63, 77, 87, 161, 162
VHLSS → V(H)LSS
VLSS → V(H)LSS
V 鋼　42, 46, 47, 53, 54
WTO　4

【あ行】

圧延　40-46, 48, 51-57, 60, 64, 76, 123, 158
インフォーマルセクター　4, 12, 14, 22, 32, 62, 63, 77, 126, 127, 161
ヴィエットイエン県　116
温州モデル　57, 58

【か行】

貝細工　89-91, 93
外資企業　4, 14, 39, 40, 106, 129, 144, 148, 149, 154, 155, 159, 161
角鋼　42
合作社　5, 7, 8, 22, 26-29, 33, 41, 43, 85, 86, 92, 110, 111
壁を壊す（fence breaking）　28
簡易宿泊施設→ nhà trọ
環境
　——汚染　158
　——基準　159
　——保護　158, 159
　——問題　158, 159
勧工　8
機械
　——化　51, 118, 131, 152
　——彫刻　112, 114, 121

　——導入　76, 118
技術
　——的適応　118
　——導入　13, 120, 149, 154
　——力　124, 152, 155-157
技能労働者　16, 64, 68, 71, 73
キムティエウ村　106, 109-111
キャッチアップ　149
　——型工業化論　156
(旧) ソ連　7, 18
(旧) ハタイ省　13, 18, 82, 95, 97, 101
共産党（ベトナム共産党）　4, 7
　——員　145
行政
　——組織　136, 137, 139-145
　——単位　5, 14, 15, 17, 33, 37, 38, 47, 57, 66, 109, 129
共同体　36, 153
切り出し　82, 99, 114, 115, 118, 121
グラインダー　93, 118
クラスター　101, 102
グルー（ピエール・グルー）　6, 7, 103
軍務　139, 140, 145
計画経済　4, 5, 18, 26-28, 33, 37, 40, 85, 92, 101, 109, 110, 130, 145
経済
　——危機　55, 155, 162
　——自由化　6, 37, 40, 57, 94, 95, 101, 143, 148, 151, 153, 161
芸術家　82, 93, 113
建設資材　12, 37, 38, 40, 42, 52, 55, 57, 161
研磨　91, 93, 105, 106, 113-116, 118, 120, 121
紅河デルタ　5-7, 10, 18, 25, 39, 41, 59, 82, 84, 88, 89, 94, 129, 131, 143, 148, 150, 158
工業
　——化・近代化　4, 148, 149, 158, 163
　——国　4, 149
　——団地　25, 40, 41, 48, 56, 59, 110, 124, 126, 129, 130, 134, 135, 142, 144,

151
郷鎮企業　57, 151
国有企業　4, 26, 27, 40, 118, 123, 144, 151, 157, 161
個人基礎（非農業個人生産基礎）　15, 28-32, 43, 44, 64, 69, 72, 86, 156, 157
　——サーベイ　29
個人経済部門（個人部門）　33, 34, 151
固定給　120, 121, 152
雇用
　——慣行　13, 64, 72, 76, 77, 108, 120-122, 124, 152
　——機会　24, 32, 62, 67, 144
　——労働　44, 62-64, 86, 127, 130, 132, 133, 139, 141-144

【さ行】

在地商人　37, 99, 100, 103, 154
自家雇用　18, 133, 134, 136, 137, 139-146, 156
事業所センサス　12, 29-31
社会的能力　156, 159
社会ネットワーク　12, 67, 76, 83, 93, 101, 113, 149, 152, 153
社会保険　79, 80, 157, 159
　——法　79, 80, 157
社会保障　69, 72, 76, 78, 133
就学
　——年数　45, 46, 60, 64, 72, 74, 78, 79, 133-137, 142-144
　——歴　45, 64, 87, 134, 135, 137, 139, 140, 142, 144, 150
珠江モデル　57
小規模工業団地　9, 40, 41, 44, 48, 55, 57, 59, 110, 111, 151, 158
小手工業合作社　40, 85, 92, 109
常住戸籍　63, 69-71, 151, 152
職業
　——移動　126, 128, 139-141, 153
　——訓練　8, 9, 15, 52, 65, 66, 72, 78, 79, 92, 152, 157
人口センサス（人口・住宅センサス）　12, 24, 33, 130

伸鉄　40, 42-44, 48, 50, 64, 158
新農村　9
　——建設　8, 9, 157
人民委員会　15, 16, 28, 33, 37, 38, 44, 51, 55, 60, 64, 89, 108, 111, 116, 117, 136, 158, 164
スクラップ　38, 40-43, 51, 52, 55, 73, 148, 158
スモールワールド性　83, 101, 102
整形　91, 106, 113, 115, 116, 118, 119, 121
生産
　——委託　111
　——請負制　18
　——工程　90, 112, 118
製造業　4, 5, 14, 22, 26, 30-32, 42, 76, 111-113, 141
生態系　4, 5, 17, 155
制度的工夫　13, 38, 63, 108, 118, 152, 154
世界銀行（世銀）　15, 18, 62, 161
世帯主　87, 95, 130-132, 135, 138-140
線材　40-42, 56
ソクソン県　129
蘇南モデル　57, 58, 151
ソ連→（旧）ソ連

【た行】

ダーホイ村　40, 41, 44
タイグエン
　——市　66, 130
　——省　66, 77, 111, 130
多様
　——化　17, 33, 57, 58, 143, 154, 161
　——性　4, 33, 154
鍛造　38, 40, 44, 48, 50
タンロン　6, 85
地方行政　57, 65, 151, 158
チャウケー　11-16, 19, 37-44, 46-48, 52-64, 66-73, 75, 77, 78, 87, 100, 106, 114, 121, 123, 126, 128, 135, 148, 150-153, 158, 161, 164
チャウミン　11, 13, 15, 16, 19, 108, 112, 124-126, 128, 129, 134, 136, 142, 150
中央委員会→（党）中央委員会

中間技術　107
　──論　107
中古
　──機械　108, 123, 152, 157, 159
　──船舶　41, 42
中国　6, 24, 27, 41, 51, 52, 55-58, 84, 85, 99, 106, 110, 113, 117, 119, 122, 123, 149, 151
　──語　119, 120
　──人　52, 110-112, 117, 119, 120, 153
中小企業　4, 5, 15, 19, 26, 30, 36, 155, 157
鋳造　64, 73
中所得国の罠　161, 162
チュエンミー　11, 13, 15, 19, 82-89, 92, 94-97, 99-101, 110, 114, 123, 148, 152-154
彫刻　15, 82, 91, 112-124
賃金　12, 13, 16, 19, 25, 62-64, 71-74, 76-79, 87, 116, 120, 121, 127, 150, 157, 161
つながり　12, 13, 53, 59, 66, 76, 77, 82-84, 94, 96, 97, 99-102, 110, 150, 153, 154
ティエンフォン県　37, 38
出稼ぎ　63, 66, 69-72, 74, 75, 78, 79, 95, 123, 130, 135
適正技術　107
　──論　12, 107
出来高払い　16, 72, 73, 76, 121, 152
鉄鋼　16, 37, 38, 40-42, 44, 48, 52, 55, 60, 62, 130, 148, 151, 158, 161, 162
　──（の）専業村　12, 14, 35, 37, 39, 44, 57, 61, 87, 100, 106, 114, 121, 123, 126, 135, 152, 158
鉄製品　11, 37, 38, 41, 45, 53, 55, 64
転業　48, 60, 62, 123
電動工具　92, 93, 100, 115, 117, 118
伝統工芸　13, 82, 84, 85, 99, 101, 106
　──専業村　7, 8, 13, 18, 39, 59, 82, 106, 148
　──品　5, 7, 13, 114, 148, 154
電炉　41-46, 48, 51-53, 57, 60, 71, 76, 123, 158
ドイモイ　4-7, 13, 18, 19, 22, 23, 26-28, 34, 37, 40, 69, 82, 84, 94, 95, 99-101, 143, 148, 151, 161
トゥーソン
　──県　109
　──市社　38, 67, 106, 109
党大会　4
（党）中央委員会　7
都市
　──化　33, 129
　──部　5, 13, 14, 37, 69, 95, 99-101, 128, 144, 154
塗装　91, 113, 114
土地　25, 36, 46, 50, 57, 67, 69, 70, 88, 150, 151
　──使用権　33, 50, 151
　──政策　8, 151
　──法　33, 50, 151
ドンアイン県　66, 77, 111
ドンキ　11, 13, 15, 19, 40, 85, 106, 108-112, 114, 116-124, 126, 128, 129, 134, 148, 150, 154

【な行】

内生的発展論　155
ニッチ　154, 155, 161
　──（の）市場　155, 157
農業
　──・農村・水産業センサス（農業センサス）　10, 12, 22, 24, 30, 32
　──・農村開発省　8, 9
　──生産　22, 27, 33, 66, 86, 132, 150
　──生産性　18
　──部門　22
　──労働　9, 24, 39, 131
農村
　──工業　8, 12, 27, 36, 58, 149, 150, 155, 163
　──工業化　8, 11, 12, 36, 57-59, 150, 152, 153
　──人口　22-24, 33
　──人口比率　23, 24, 32
農地　5, 8, 39-41, 46, 59, 87, 88, 90, 129-131, 150, 163

農繁期　67, 72, 73, 76, 121, 139

【は行】

ハイハウ県　96
バクザン省　13, 56, 77, 108, 111, 116, 123, 124, 126, 129, 154
バクニン省　12, 13, 37, 39, 40, 59, 66, 69, 70, 77, 85, 96, 100, 101, 106, 111, 116, 126, 129, 130, 134, 135
ハタイ省→（旧）ハタイ省
ハノイ　6, 10, 12-14, 16, 19, 39-41, 53, 66, 69, 71, 77, 82, 85, 94-97, 99-101, 109, 111, 117, 126, 128-130, 134, 143, 153, 159, 163
ハブ　83, 98, 101, 102, 154
班長　73, 74, 76, 150
汎用機械　93, 118, 152
ピエール・グルー →グルー
ヒエップホア県　108, 111, 112, 116, 126, 154
東ヨーロッパ　7, 18, 85, 109
非農業
　——個人生産基礎→個人基礎
　——部門　13, 24, 30-32, 36, 128, 130, 132-143
　——労働　129, 130, 133, 136-138, 143
日雇い
　——仕事　116
　——労働者　31, 32, 115
ビレット　41, 42, 51-55, 64, 73, 158
貧困　15, 28, 92, 161
　——研究　15, 62, 63
　——削減　4, 15, 28, 62, 148, 161, 162
　——線　17
　——比率　4, 17
フースエン県　82, 86, 117
フォーマル
　——化　156
　——セクター　4, 12, 14, 22, 32, 62, 63, 77, 126, 127, 144, 161
フォンマック　11, 13, 15, 19, 105, 106, 108-114, 116-124, 126, 128, 129, 134, 148, 150, 154

フランス　7
　——植民地　6, 85, 94, 109
分業　13, 42, 85, 90, 92, 96, 100, 101, 110, 112-114, 120, 123, 137-139, 152, 153
ベトナム
　——共産党→共産党
　——社会保険　79
　——専業村協会　10, 11
　——統計総局→ GSO
棒鋼　40-42, 56
ホーチミン　19, 69, 79, 85, 91, 94-97, 99-101, 110, 122, 153

【ま行】

緑の革命　150
見習い
　——期間　68, 121, 152
　——工　64, 65, 71, 72
　——制度　76
民間企業　4, 27, 32, 33, 37, 118, 148
木工　7, 13, 90, 96, 106, 109, 111, 112, 116, 123, 128, 135, 141
　——家具　12, 40, 85, 91, 106, 109-115, 118, 120, 129, 154
　——（の）専業村　16, 105-107, 109, 118, 126, 134
　——品　11, 12, 86, 96, 100, 106, 108-113, 117, 122-124, 148

【や行】

誘導炉　41
輸出　6, 7, 11, 18, 24, 33, 85, 86, 100, 109, 110, 113, 117, 149, 161
弱い紐帯　69, 78, 101, 153
　——の強さ　77

【ら行】

螺鈿細工　11-13, 16, 81, 82, 84-87, 89, 90, 92-101, 103, 106, 110, 112-115, 117, 123, 148, 152-154
　——の専業村　82, 106

リサイクル　159
　——品　148
　——村　128, 147, 148, 159
労働
　——環境　13, 62, 63, 71, 121, 153
　——市場　13, 14, 64, 72, 124, 126, 127,
　　136, 137, 139, 141-146, 150, 151
　——条件　62, 63, 69, 75, 76, 124

　——年齢　24, 133
　——力サーベイ　12, 22, 30, 32
　——力世帯員　133, 136-138

【わ行】

ワッシャー　56

複製許可および PDF 版の提供について

　点訳データ，音読データ，拡大写本データなど，視覚障害者のための利用に限り，非営利目的を条件として，本書の内容を複製することを認めます（http://www.ide.go.jp/Japanese/Publish/reproduction.html）。転載許可担当宛に書面でお申し込みください。

　また，視覚障害，肢体不自由などを理由として必要とされる方に，本書の PDF ファイルを提供します。下記の PDF 版申込書（コピー不可）を切りとり，必要事項をご記入のうえ，販売担当宛ご郵送ください。折り返し PDF ファイルを電子メールに添付してお送りします。

〒261-8545　千葉県千葉市美浜区若葉3丁目2番2
　日本貿易振興機構 アジア経済研究所
　研究支援部出版企画編集課　各担当宛

　ご連絡頂いた個人情報は，アジア経済研究所出版企画編集課（個人情報保護管理者－出版企画編集課長043-299-9534）が厳重に管理し，本用途以外には使用いたしません。また，ご本人の承諾なく第三者に開示することはありません。

　　　　　　　　　　　アジア経済研究所研究支援部　出版企画編集課長

PDF 版の提供を申し込みます。他の用途には利用しません。

坂田正三著『ベトナムの「専業村」』
【研究双書628】2017年

住所 〒

氏名：　　　　　　　　　　　　　年齢：
職業：
電話番号：
電子メールアドレス：

坂田　正三（さかた　しょうぞう）

アジア経済研究所地域研究センター東南アジアⅡ研究グループ長
ロンドン・スクール・オブ・エコノミクス経済学修士（発展途上国社会政策論）。
1998年日本貿易振興機構アジア経済研究所入所。2003～2006年ベトナム社会科学院ベトナム経済研究所客員研究員を経て現職。

主な著書
『変容するベトナムの経済主体』（編著，アジア経済研究所　2009年）
『高度経済成長下のベトナム農業・農村の発展』（編著，アジア経済研究所　2013年）
Vietnam's Economic Entities in Transition, Palgrave Macmillan, 2013（editor）など。

ベトナムの「専業村」
——経済発展と農村工業化のダイナミズム——　研究双書No.628

2017年3月13日発行　　　　　定価［本体2200円＋税］

著　者　　坂田正三

発行所　　アジア経済研究所
　　　　　独立行政法人日本貿易振興機構
　　　　　〒261-8545　千葉県千葉市美浜区若葉3丁目2番2
　　　　　研究支援部　　電話　043-299-9735
　　　　　　　　　　　　FAX　043-299-9736
　　　　　　　　　　　　E-mail syuppan@ide.go.jp
　　　　　　　　　　　　http://www.ide.go.jp

印刷所　　日本ハイコム株式会社

Ⓒ独立行政法人日本貿易振興機構アジア経済研究所　2017
落丁・乱丁本はお取り替えいたします　　　　　無断転載を禁ず
ISBN978-4-258-04628-7

「研究双書」シリーズ

(表示価格は本体価格です)

No.	タイトル	概要
628	**ベトナムの「専業村」** 経済発展と農村工業化のダイナミズム 坂田正三著　2017年　179p.　2,200円	ベトナムでは1986年に始まる経済自由化により、「専業村」と呼ばれる農村の製造業家内企業の集積が形成された。ベトナム農村の工業化を担う専業村の発展の軌跡をミクロ・マクロ両面から追う。
627	**ラテンアメリカの農業・食料部門の発展** バリューチェーンの統合 清水達也著　2017年　200p.　2,500円	途上国農業の発展にはバリューチェーンの統合がカギを握る。ペルーを中心としたラテンアメリカの輸出向け青果物やブロイラーを事例として、生産性向上と付加価値増大のメカニズムを示す。
626	**ラテンアメリカの市民社会組織** 継続と変容 宇佐見耕一・菊池啓一・馬場香織共編　2016年　265p.　3,300円	労働組合・協同組合・コミュニティ組織・キリスト教集団をはじめ、ラテンアメリカでは様々な市民社会組織がみられる。コーポラティズム論や代表制民主主義論を手掛かりに、近年のラテンアメリカ5カ国における国家とこれらの組織の関係性を分析する。
625	**太平洋島嶼地域における国際秩序の変容と再構築** 黒崎岳大・今泉慎也編　2016年　260p.　3,300円	21世紀以降、太平洋をめぐる地政学上の大変動が起きている。島嶼諸国・ANZUS(豪、NZ、米)・中国などの新興勢力による三者間のパワーシフトと合縦連衡の関係について、各分野の専門家により実証的に分析。現代オセアニアの国際関係を考えるための必読書。
624	**「人身取引」問題の学際的研究** 法学・経済学・国際関係の観点から 山田美和編　2016年　164p.　2,100円	人身取引問題は開発問題の底辺にある問題である。国際的アジェンダとなった人身取引問題という事象を、法学、経済学、国際関係論という複数のアプローチから包括的かつ多角的に分析する。
623	**経済地理シミュレーションモデル** 理論と応用 熊谷聡・磯野生茂編　2015年　182p.　2,300円	空間経済学に基づくアジア経済研究所経済地理シミュレーションモデル（IDE-GSM）についての解説書。モデルの構造、データの作成、パラメータの推定、分析例などを詳説。
622	**アフリカの「障害と開発」** SDGsに向けて 森壮也編　2016年　295p.　3,700円	「障害と開発」という開発の新しいイシューを、アフリカ大陸の5つの地域・国と域内協力について論じた。SDGsでアフリカの開発を念頭に置く際に、障害者たちの問題を取り残さないために必要な課題を整理。
621	**独裁体制における議会と正当性** 中国、ラオス、ベトナム、カンボジア 山田紀彦編　2015年　196p.　2,400円	独裁者（独裁政党）が議会を通じていかに正当性を獲得し、体制維持を図っているのか。中国、ラオス、ベトナム、カンボジアの4カ国を事例に、独裁体制が持続するメカニズムの一端を明らかにする。
620	**アフリカ土地政策史** 武内進一編　2015年　275p.　3,500円	植民地化以降、アフリカの諸国家はいかに土地と人々を支配しようとしたのか。独立や冷戦終結は、その試みをどう変えたのか。アフリカの国家社会関係を考えるための必読書。
619	**中国の都市化** 拡張、不安定と管理メカニズム 天児慧・任哲編　2015年　173p.　2,200円	都市化に伴う利害の衝突がいかに解決されるかは、その都市または国の政治のあり方に大きく影響する。本書は、中国の都市化過程で、異なる利害がどのように衝突し、問題がいかに解決されるのかを政治学と社会学のアプローチで考察したものである。
618	**新興諸国の現金給付政策** アイディア・言説の視点から 宇佐見耕一・牧野久美子編　2015年　239p.　2,900円	新興諸国等において貧困緩和政策として新たな現金給付政策が重要性を増している。本書では、アイディアや言説要因に注目して新たな政策の形成過程を分析している。
617	**変容する中国・国家発展改革委員会** 機能と影響に関する実証分析 佐々木智弘編　2015年　150p.　1,900円	中国で強大な権限を有する国家発展改革委員会。市場経済化とともに変容する機能や影響を制度の分析とケーススタディーを通じて明らかにする。
616	**アジアの生態危機と持続可能性** フィールドからのサステイナビリティ論 大塚健司編　2015年　294p.　3,700円	アジアの経済成長の周辺に置かれているフィールドの基層から、長期化する生態危機への政策対応と社会対応に関する経験知を束ねていくことにより、「サステイナビリティ論」の新たな地平を切り拓く。